Reinhard Abeln (Hg.)
Für Weisheit, Witz und edlen Wein
muss man bei guten Jahren sein

Reinhard Abeln (Hg.)

Für Weisheit, Witz und edlen Wein muss man bei guten Jahren sein

Ein Vorlesebuch

Kaufmann Verlag

Bibliografische Information der Deutschen Bibliothek

Die Deutsche Bibliothek verzeichnet diese Publikation in der Deutschen
Nationalbibliografie; detaillierte bibliografische Daten sind im Internet
über http://dnb.ddb.de abrufbar.

1. Auflage 2013
© 2013 Verlag Ernst Kaufmann, Lahr

Coverabbildung: © mythja – Fotolia.com
Druck und Bindung: CPI books, Ulm

ISBN 978-3-7806-3140-4

Inhaltsverzeichnis

Zum Glück gibt's Enkelkinder

Hoffnung trägt

Mit Gott im Bunde

Ein Wort zuvor

Am Abend sehen wir am Himmel zwar keine Sonne, wie wir es vom Tag her gewöhnt sind. Aber doch leuchten in der Dunkelheit viele Sterne. Gilt dies nicht auch, wenn sich die Jahre neigen, für den Abend? Wir müssen nur die Augen aufmachen, um die Schönheit des Abendhimmels – sprich des Alters – zu entdecken.

„Altsein ist schwer, aber auch schön." So las ich vor Jahren in einem Brief. Seitdem versuche ich zu verstehen, was mit diesem Satz alles ausgesagt ist. Sicher ist es keine einfache Sache, bewusst zu altern und das Alter mit Würde zu tragen. Auf der anderen Seite bleibt aber auch wahr, dass Glück und Zufriedenheit an kein Alter gebunden sind.

Es ist wahr, dass wir mit 60 oder 70 Jahren den kalendermäßigen Höhepunkt unseres Lebens überschritten haben. Äußerlich befinden wir uns auf dem absteigenden Ast, aber nicht innerlich. Innerlich geht der Mensch nicht nach „unten", sondern nach „oben". Die Franzosen haben dafür den schönen Namen „La vie montante", das heißt: das aufsteigende Leben. Das ist genau richtig.

Man spricht von einem „hohen Alter", aber niemals von einer „hohen Jugend". Das heißt: Im Alter ist eben etwas Hohes enthalten. Albert Schweitzer (1875–1965), der berühmte Arzt und Theologe, beschreibt dieses „Hohe" mit folgenden Worten:

„Es ist ein Irrtum, dass das Alter ein sich stei-
gerndes Armwerden sei. Es gibt ein Absterben, das
sich in Gewinn umsetzt, und dem Zerbrechen des
Leibes geht das Werden und Aufblühen dessen zur
Seite, was ein altes Wort den ,verborgenen Menschen des Herzens' nennt. Wer vermag reiner und
selbstloser zu lieben als der Betagte, wer besser zur
Ruhe zu sprechen, wer gelassener die Wirren der
Zeit zu überschauen? Er ist nun zu sich selbst gekommen und darf auf den Schein verzichten. Er
weiß, dass es besser ist zu verstehen als zu verach-
ten. Und es ist kein Zweifel, dass ein Verstehen,
wenn es auf dem Boden der Erfahrung an unserem
eigenen widerspruchsvollen Ich erwuchs und keinen Menschen als fertig, jeden vielmehr als Wer-
denden ansieht, nicht in Verzweiflung endet."

Zum Alter, so könnte man sagen, gehört weniger
das sprießende Grün auf den Feldern des Lebens,
dafür mehr die goldene Frucht, das Gereifte in der
Scheune des Herzens: Weisheit, Erfahrung, selbst-
lose Hingabe, Dankbarkeit, Offenheit, Geduld,
Gottvertrauen … Wir sind am goldenen Hoch-
zeitstag nicht nur um 50 Jahre „älter", sondern auch
um 50 Jahre „reicher" geworden.

„Es kommt nicht darauf an, wie *alt* man ist, sondern *wie* man alt ist", sagt der Philosoph und
Schriftsteller Hermann Keyserling (1880–1946).
Vielleicht können Ihnen, liebe Leserinnen und Leser, die Geschichten dieses Buches eine kleine An-

regung sein, das Alter nicht in erster Linie unter dem Gesichtspunkt des Schweren (der Lasten), sondern vor allem unter dem Aspekt des Schönen (der Freuden) zu betrachten.

Das Buch eignet sich nicht nur zum Selberlesen, sondern auch zum Vorlesen in größeren Kreisen, wie etwa in Seniorengruppen oder Frauenkreisen. Die (überlieferten und modernen) Texte wollen niemanden belehren, sondern einfach nur helfen, die Sterne am Abendhimmel des Lebens wieder neu zu sehen oder zu entdecken. Viel Freude mit diesem Geschichtenbuch wünscht Ihnen Ihr

Reinhard Abeln

Alles hat seine Zeit

Alles im Leben hat seine Zeit. Dieser kurze Satz hat seine zwei gewichtigen Seiten. Es gibt Zeiten, die erfreulich sind und uns froh machen, und es gibt Zeiten, die uns belasten und uns wehmütig stimmen. Es gibt schlechte und traurige Zeiten, und es gibt Zeiten, wo wir gern die Uhr anhalten möchten.

Im Alten Testament heißt es: „Alles hat seine Stunde. Für jedes Geschehen unter dem Himmel gibt es eine bestimmte Zeit: eine Zeit zum Gebären und eine Zeit zum Sterben, eine Zeit zum Pflanzen und eine Zeit zum Abernten der Pflanzen, eine Zeit zum Niederreißen und eine Zeit zum Bauen, eine Zeit für die Klage und eine Zeit für den Tanz …" (Koh 3,1–4).

Die Reihe ließe sich beliebig fortsetzen. Für alles gibt es also eine Zeit. Auch Jungsein und Altwerden unterliegen diesem Wechsel im menschlichen Leben.

Alles zu seiner Zeit

Ein weiser alter Mann traf auf seinem Weg ein junges Mädchen. Er freute sich an der anmutigen Erscheinung und an ihrer Schönheit. Weil er voll Ehrfurcht war vor dem Leben, auch vor der Jugend, verbeugte er sich tief vor dem Mädchen. Er sagte: „Du bist ein hübsches Mädchen. Sage mir doch, wie alt du bist!" Wie es fernöstliche Art ist, verbeugte sich auch das Mädchen vor dem Alten. Errötend vor Freude sagte es: „Ihr seid in einem ehrwürdigen Alter, aber ich bin erst sechzehn Jahre alt!" Und der alte Mann sagte: „Du bist wirklich sehr schön. Vor dir liegen noch viele Jahre voll Freude und Lebensreichtum. Sei nur nicht traurig, wenn die Jahre der Jugend schnell vergehen und mit ihnen deine jetzige Schönheit. Wenn du gütig bist, wird deine Schönheit nie weichen. Sie wird sich wandeln zur Reife und Würde des Alters!" Das Mädchen verstand. Noch tiefer als zuvor verbeugte es sich vor der Weisheit des Mannes, bevor sie sich trennten.

Auf seinem Weg begegnete dem Alten eine junge Frau, die ein Kind an der Hand führte. Er schaute sie freundlich an. Auch vor ihr verbeugte er sich tief. Er sagte: „Du bist eine glückliche Frau, so schön wie der heutige Tag. Die Sonne scheint auf dein freundliches Gesicht. Ja, du stehst im Licht der Blüte deiner Jahre. Sei nicht traurig, wenn die Zeit schnell vergeht

und die Jahre deines Lebens sich neigen. Du wirst
an das Ziel deines Weges kommen: Jeden Tag musst
du dankbar annehmen. Wenn du wirklich lebendig
bist, wirst du zur Weisheit des Alters gelangen. Deine Kinder und Enkelkinder werden dir mit Ehrfurcht begegnen und von deiner Weisheit lernen!"
Die junge Frau hatte ihm dankbar zugehört. Beide
verbeugten sich und gingen ihrer Wege.

Der weise Alte traf auf eine andere Frau mit weißem Haar. Vom Alter gebeugt, saß sie auf einer
Bank am Weg. Die untergehende Sonne ließ die
vielen Falten ihres Gesichtes scharf hervortreten.
Der weise alte Mann trat zu ihr und verbeugte sich
diesmal besonders tief vor der Greisin.

„Ihr seid ein glücklicher Mensch", sagte er, „weil
Ihr am Ziel des Lebens seid. Was Ihr in achtzig
Jahren erlebt und erfahren habt, tragt Ihr in Euch.
Von Reife und Würde, von Güte und Geduld, von
Ruhe und Gelassenheit spricht Euer Antlitz zu mir.
Ihr habt viel erlebt und gemeistert. Wie Zeichen des
Himmels sind darum die kleinen Taten, die Ihr
noch tun könnt, und in den wenigen Worten, die
Ihr noch sagt, schwingt himmlische Weisheit!"

Lächelnd sah die Alte den Alten an. Sie deutete
auf den Platz neben sich, und der Alte setzte sich
zu ihr. Beide waren am Ziel ihres Weges. Gemeinsam schauten sie in die sinkende Sonne, die den
Himmel in rotgoldenes Licht tauchte.

Legende aus China

Das Leben und die Zeit

Eine Eintagsfliege, ein Esel und eine Schildkröte unterhielten sich über das Leben.

Die Eintagsfliege sagte: „Könnt ihr euch vorstellen, was es bedeutet, das ganze Leben in nur 24 Stunden unterzubringen: geboren werden, aufwachsen, leben, leiden, glücklich sein, alt werden und sterben – und das alles in 24 Stunden! Wisst ihr, wie das ist?"

„Ich gäbe etwas drum", sagte der Esel, „wenn ich nur so kurze Zeit zu leben hätte. In diesen 24 Stunden würde ich das Leben genießen. Ich würde alles auskosten, was es gibt. Wunderbar wäre das!"

„Ich kann euch nicht verstehen", entgegnete die Schildkröte. „Ich bin jetzt 300 Jahre alt. Und in diesen Jahren habe ich viel erlebt. Euch alles zu erzählen, würde die Zeit nicht reichen. Schon vor 200 Jahren habe ich mir gewünscht, mein Leben wäre zu Ende. – Und was dich angeht, Esel, dich beneide ich wirklich. Aber, liebe Eintagsfliege, mit dir habe ich nur Mitleid", fuhr die Schildkröte fort.

„Wenn ich dich so höre", gab der Esel zurück, „ich wäre glücklich, würde ich 300 Jahre werden. Dann könnte ich das Leben so richtig auskosten."

Als der Esel das gesagt hatte, wurden alle drei sehr nachdenklich und still. Denn sie merkten plötzlich, dass sie das Leben ausschließlich nach der Uhr gemessen hatten und sich danach sehnten, das eigene Leben zu verlängern, zu verkürzen oder beides zu versuchen. Sie beschlossen deshalb, zur Spinne zu gehen; denn sie war wegen ihrer Weisheit berühmt. Sie fragten die Spinne um Rat in dieser Angelegenheit.

Nach längerem Nachdenken wandte sich die Spinne zunächst der Schildkröte zu. „Schildkröte", sagte sie, „hör auf zu klagen. Denn wer hat schon so viel Erfahrung wie du? Und du, Eintagsfliege", mahnte die Spinne, „auch du hast keinen Grund zur Klage. Denn wer hat schon so viel Freude wie du?"

Der Esel war ungeduldig geworden und fragte die Spinne: „Lass hören, welchen Rat du mir gibst, weise Spinne!"

„Dir kann ich keinen Rat geben. Denn du willst beides. Du bist und bleibst ein Esel!"

Als die anderen Tiere das hörten, nahmen sie sich fest vor, das Leben von nun an nicht mehr nach der Zeit, sondern nach seiner Tiefe und seinem Sinn zu bewerten.

Unbekannter Verfasser

Was man sich vornehmen soll

Wenn man auf ein neues Jahr oder einen neuen Le-
bensabschnitt zugeht, dann kann man vielleicht ein
Rezept aus einem alten Kalender verwenden, in
dem gesagt wird, was man sich vornehmen soll:

„Man nehme … zwölf gut ausgereifte Monate und
beachte, dass sie vollkommen sauber sind und frei
von jeglicher Erinnerung an Bitterkeit, Groll,
Rachsucht, Neid und Eifersucht. Man entferne jede
Spur von Kleinlichkeit und Niedrigkeit – mit anderen Worten: alles, was mit unangenehmen Dingen der Vergangenheit zusammenhängt. Diese
zwölf Monate müssen also so frisch und sauber
sein, wie sie aus der ‚Werkstatt Zeit‘ hervorgegan-
gen sind.

Man zerlege sodann jeden Monat in dreißig oder
einunddreißig Tage, damit der Vorrat gerade für
ein Jahr ausreicht. Man richte nicht alle Tage gleich-
zeitig an, sondern beschäftige sich jedes Mal mit
einem einzigen Tag. Und damit diese Tage die bes-
ten unseres Lebens werden, beachte man sorgfältig
die nachfolgende Anweisung:

Für jeden Tag nehme man soundso viele Teile
Entschlossenheit, Mut, Ehrenhaftigkeit, Geduld,
Arbeit, Vertrauen, Gebet, Bescheidenheit, Ruhe,
Überlegung, und nun füge man dem Ganzen einen
Löffel Schwungkraft und Frohsinn hinzu, einen

kleinen Löffel Takt, eine gute Dosis Nachsicht und aufrichtige Herzlichkeit. Sodann übergieße man das Ganze mit Liebe und rühre es kräftig um. Man schmücke alsdann alles mit einem Sträußchen kleiner Aufmerksamkeiten und trage es mit Heiterkeit auf den Tisch!"

Rezept aus einem alten Kalender

Der Spruch an der Hauswand

Die Menschen, die in dem Haus wohnen, unter dessen einem Fenster der lapidare Spruch steht „Alles hat seine Zeit", kenne ich nicht persönlich. Vielleicht gerade deshalb versuche ich dahinterzukommen, was sie veranlasst haben mag, diesen Gedanken an der Hausmauer für alle Vorübergehenden sichtbar festzuhalten.

Einmal verbinde ich die Worte mit den blühenden Blumen, die auf dem Balkon stehen. Pflanzen brauchen viel Zeit, Liebe und Pflege, damit sie sich entfalten können. Wenn Frühling und Sommer vorbei sind, welken die Blüten, ihre Zeit ist vorbei.

Es kann aber auch sein, dass sich hinter dem Spruch eine bittere Erfahrung oder gar ein großes Leid verbergen. So kann ein Mensch lange krank gelegen haben hinter den blanken Fenstern. Vielleicht ist seine Ungeduld hundertmal am Tage in die umliegenden Wiesen und Wälder gewandert und hat nach dem Sinn der auferlegten Untätigkeit gefragt. Und jemand wird ihm tröstend gesagt haben: „Alles hat seine Zeit. Wir müssen warten können, bis die Frist abläuft. Einmal kommt es wieder gut, du kannst getrost daran glauben."

Oder eine Mutter hat über den frühen Tod eines Kindes nächtelang geweint und gemeint, sie könne das Heimweh nie verwinden. Kein Trost fand den Weg zu ihrem Herzen. Sie konnte sich nicht vorstellen, dass die Zeit ihren Schmerz lindern werde. Und doch geschah es, dass – nachdem eine längere Zeit vergangen war – wieder ein Lächeln ihr Gesicht erhellte.

Alles hat seine Zeit. Ich muss immer wieder über den Hausspruch nachdenken, um seine verborgene Vielfalt noch besser verstehen zu können.

Reinhard Abeln

Der Besuch

Wenn meine Großmutter ihre Mutter besuchen wollte, brauchte sie dafür drei Tage: Einen Tag fuhr sie mit Bekannten in der Pferdekutsche hin, einen Tag blieb sie dort, erzählte und erfuhr das Neueste, half in der Küche oder im Garten. Am dritten Tag fuhr sie heim.

Wenn meine Mutter ihre Mutter besuchen wollte, brauchte sie dafür zwei Tage: Sie fuhr mit dem Zug. Wenn sie Glück hatte, bekam sie den Anschluss. Sie erzählte und erfuhr das Neueste, übernachtete dort und fuhr am nächsten Tag zurück.

Wenn wir zu meiner Mutter fahren, brauchen wir dafür mit dem Auto eine halbe Stunde. Lange können wir aber nicht bleiben, denn die Kinder werden unruhig, und wir wollen ja noch die neue Standuhr abholen, und außerdem müssen wir noch unbedingt schnell die Papiere zum Steuerberater bringen.

Wenn mich meine Kinder besuchen wollen?

Unbekannter Verfasser

Hat alles seine Zeit

Hat alles seine Zeit
Das Nahe wird weit
Das Warme wird kalt
Der Junge wird alt
Das Kalte wird warm
Der Reiche wird arm
Der Narre gescheit
Alles zu seiner Zeit

Johann Wolfgang von Goethe

Die Weisheit des Alters

Irgendjemand hat einmal den Ausspruch getan: „Das Alter macht den Menschen weise, oder es lässt ihn verknöchern." Diese Aussage ist etwas scharf formuliert, aber nicht ganz unrichtig.

Schon die Heilige Schrift weiß um die Haltung der Weisheit beim alten Menschen. Im Buch Jesus Sirach lesen wir: „Wie gut steht Hochbetagten rechtes Urteil an und den Alten, Rat zu wissen. Wie gut steht Hochbetagten Weisheit an, würdigen Männern Überlegung und Rat. Ein Ehrenkranz der Alten ist reiche Erfahrung, ihr Ruhm ist Gottesfurcht" (Sir 25,4–6).

Im Buch der Weisheit wird die Weisheit im Alter mit folgenden Worten umschrieben: „Mehr als graues Haar bedeutet für die Menschen die Klugheit und mehr als Greisenalter wiegt ein Leben ohne Tadel" (Weish 4,9).

Mit anderen Worten: Es kommt im Leben nicht darauf an, wie alt man geworden ist, sondern was man aus den Jahren, die einem vom Herrgott geschenkt wurden, gemacht hat. Die Haltung der Weisheit stellt sich im Alter nicht von selber ein, wie die Runzeln im Gesicht oder die weißen Haare auf dem Kopf, sondern sie will im Laufe des Lebens erworben – und auch erbetet sein.

Es liegt in eurer Hand

In einem fernen Ort lebte ein alter weiser Mann. Er war beliebt im ganzen Lande, und wann immer einer seiner Mitmenschen Sorgen hatte, ging er zu ihm, um Rat zu holen, denn der alte weise Mann konnte aus einer reichen Lebenserfahrung schöpfen und gab stets guten Rat.

Dies wiederum machte einige seiner Mitbürger neidisch, die selbst gern für klug und weise gehalten worden wären. Sie beschlossen, dem alten Mann eine Falle zu stellen.

Aber wie?

Nach längerem Nachdenken kam man auf folgende Idee: Man wollte ein winziges Mäuslein fangen, es dem alten Mann in der geschlossenen Hand präsentieren und ihn fragen, was sich in der Hand befinde. Sollte der alte Mann wider Erwarten die Frage richtig beantworten, so würde er mit Sicherheit an einer weiteren Frage scheitern, nämlich der, ob es sich bei dem Mäuschen um ein lebendes oder um ein totes handele. Würde er nämlich sagen, es handele sich um ein lebendes, so könnte man die Hand zudrücken, und das Mäuschen wäre tot. Würde er hingegen sagen, es handele sich um ein totes Mäuschen, so könnte man die Hand öffnen und das Mäuschen herumlaufen lassen.

So vorbereitet, erschien man vor dem alten weisen Mann und fragte ihn, wie beabsichtigt.

Nach wenigem Überlegen antwortete der alte weise Mann auf die erste Frage: „Das, was ihr in der Hand haltet, kann nur ein ganz winziges Mäuslein sein."

„Nun gut", sagten die Neidischen, „da magst du recht haben, aber handelt es sich um ein lebendes oder ein totes Mäuslein?"

Der alte weise Mann wiegte seinen Kopf eine Weile hin und her, schaute seinen Mitbürgern dann in die Augen und sagte:

„Ob das, was ihr in der Hand haltet, lebt oder tot ist, das liegt allein in eurer Hand."

Chinesisches Märchen

„So können die sich ändern!"

Zu Mark Twain kam ein Siebzehnjähriger und erklärte: „Ich verstehe mich mit meinem Vater nicht mehr. Jeden Tag Streit. Er ist so rückständig und hat keinen Sinn für moderne Ideen. Was soll ich denn machen? Ich halte es daheim nicht mehr aus, ich muss weg."

Mark Twain antwortete dem jungen Mann: „Mein Freund, ich kann Sie gut verstehen. Als ich siebzehn Jahre alt war, war mein Vater genauso uneinsichtig und ungebildet. Es war nicht zum Aushalten. Aber haben Sie Geduld mit so alten Leuten. Wissen Sie, sie entwickeln sich langsamer. Nach zehn Jahren, als ich siebenundzwanzig war, da hatte mein Vater so viel dazugelernt, dass man sich schon ganz vernünftig mit ihm unterhalten konnte. Und glauben Sie mir, heute, wo ich siebenunddreißig bin: Wenn ich keinen Rat weiß, dann gehe ich zu meinem alten Vater und frage ihn. So können die sich ändern!"

Nach Mark Twain

Nur mit den Alten

In Mazedonien war es in früheren Zeiten üblich, dass die alten Menschen, wenn sie krank und gebrechlich waren, auf den Bergen ausgesetzt wurden.

Eines Tages trug ein junger Bauer seinen alten Vater ins Gebirge. Als er ihn dort absetzen wollte, bat der Vater, ihn noch ein Stück weiter hinaufzutragen. Auf die Frage, warum ihm der Ort nicht gefalle, meinte der Alte: „Bis hierher habe ich meinen Vater getragen, und ich möchte gern an einem anderen Ort sterben."

Da fiel dem jungen Bauern ein, dass es ihm in etwa dreißig Jahren ebenso ergehen werde. Er kehrte mit seinem Vater um und verbarg ihn zu Hause.

Aber nun fiel den Nachbarn auf, dass der Hof dieses jungen Bauern aufblühte, und sie überlegten, dass doch jemand da sein müsse, der den Jungen mit Erfahrungen und Ratschlägen unterstützte. Sie fragten nach, und als sie die Wahrheit erfuhren, machten sie es ihm nach.

Aus Jugoslawien

„Das Leben ist herrlich!"

Zu einem alten Rabbi kam ein Mann und klagte: „Rabbi, mein Leben ist nicht mehr erträglich Wir wohnen zu sechst in einem einzigen Raum. Was soll ich nur machen?"

Der Rabbi antwortete: „Nimm deinen Ziegenbock mit ins Zimmer."

Der Mann glaubte nicht recht gehört zu haben. „Den Ziegenbock mit ins Zimmer?"

„Tu, was ich dir gesagt habe", entgegnete der Rabbi, „und komm nach einer Woche wieder."

Nach einer Woche kam der Mann wieder, total am Ende. „Wir können es nicht mehr aushalten, der Bock stinkt fürchterlich!"

Der Rabbi sagte zu ihm: „Geh nach Hause und stell den Bock wieder in den Stall! Dann komm nach einer Woche wieder!"

Die Woche verging. Als der Mann zurückkam, strahlte er über das ganze Gesicht: „Das Leben ist herrlich, Rabbi. Wir genießen jede Minute. Kein Ziegenbock – nur wir sechs!"

Rabbinische Geschichte

Der Johannisbrotbaum

Ein Weiser mit Namen Choni ging einmal über Land und sah einen Mann, der einen Johannisbrotbaum pflanzte. Er blieb bei ihm stehen und sah ihm zu. Dann fragte er: „Wann wird das Bäumchen wohl Früchte tragen?"

Der Mann erwiderte: „In siebzig Jahren!"

Da sprach der Weise: „Du Tor! Denkst du in siebzig Jahren noch zu leben und die Früchte deiner Arbeit zu genießen? Pflanze lieber einen Baum, der früher Früchte trägt, dass du dich ihrer erfreust in deinem Leben!"

Der Mann aber hatte sein Werk vollendet und sah freudig darauf. Dann antwortete er: „Rabbi, als ich zur Welt kam, da fand ich Johannisbrotbäume und aß von ihnen, ohne dass ich sie gepflanzt hatte, denn das hatten meine Väter getan. Habe ich nun genossen, wo ich nicht gearbeitet habe, so will ich einen Baum pflanzen für meine Kinder und Enkel, dass sie davon genießen. Wir Menschen können nur bestehen, wenn einer dem anderen die Hand reicht."

Legende

Lebensphilosophie

Laotse ging zu einem kranken Freund namens Schang Yung, der schon sehr betagt war. Sie unterhielten sich über Altersbeschwerden, und Laotse fragte ihn nach dem Geheimnis seines hohen Alters.

Schang Yung öffnete den Mund und fragte: „Habe ich noch meine Zähne?"

„Nein", antwortete Laotse.

„Ist meine Zunge noch da?"

„Ja, freilich", erwiderte Laotse.

„Begreifst du jetzt?"

„Ich denke schon. Das Weiche überwindet das Harte. So ist es doch?"

„Ja", sprach Schang Yung. „Das ist alles, was du an Lebensphilosophie brauchst."

Schen Tao (etwa 4. Jahrhundert v. Chr.)

Wo Liebe und Güte wohnen

Georg Moser († 1988), der frühere Bischof der Diözese Rottenburg-Stuttgart, schreibt: „Wenn der alte Mensch am Morgen aufwacht, darf er sich nicht zuerst überlegen: Was tut mir heute weh? Welche neuen Beschwerden sind hinzugekommen? Er sollte sich vielmehr fragen: Wem kann ich heute etwas zuliebe tun?" (Wie finde ich zum Sinn des Lebens? Verlag Herder, Freiburg – Basel – Wien ⁶1981, S. 79).

In ergreifender Weise hat Jesus die Liebe und Güte des Alters im Vater des verlorenen Sohnes dargestellt: „Schon von Weitem sah ihn sein Vater und ward von Erbarmen gerührt. Er eilte ihm entgegen, fiel ihm um den Hals und küsste ihn" (Lk 15,20–21).

Am Ende unseres Lebens wird es die Liebe sein, nach der wir beurteilt werden: die Liebe, die wir allmählich in uns haben wachsen und sich entfalten lassen.

Die Macht der Liebe

Ich möchte Ihnen hier von einer Großmutter erzählen, die für die junge Familie, um die sie sich
kümmerte, zum Segen geworden ist. Es war an einem Abend, als ich Gast in der Familie war. Wir
saßen in der gemütlichen Stube beisammen: der
Ehemann, die Hausfrau, die Oma und ich.

Die Hausfrau wollte einen Tee machen. Doch da
wir schon gleich ein interessantes Gespräch führ-
ten, bat ich sie, sitzen zu bleiben. Tee kann man fast
überall bekommen, aber Gesprächspartner wie die
junge Familie und die Großmutter nicht immer.

Besonders die Großmutter stand schon bald im
Mittelpunkt meines Interesses. Sie war eine zarte,
sehr stille Frau mit grauen Haaren und einem Gesicht, das zugleich Sorge und innere Sicherheit aus-
strahlte. Sie saß eher zurückhaltend an ihrem Platz.
Als die Tochter zu erzählen begann, welche Rolle
die Großmutter in der Familie innehabe, winkte sie
ab. Aber ich erfuhr es doch. Dies ist es, was das
Gespräch offenbarte:

Als dem jungen Ehepaar das erste Kind geboren
wurde, stellte der Arzt eine einseitige zerebrale
Lähmung (= Gehirnlähmung) fest. Ob das gleich
nach der Geburt oder nach Monaten geschah, weiß
ich nicht mehr. Sicher aber ist, dass die Eltern den
Jungen zu verschiedenen Spezialisten brachten mit
der Bitte um Hilfe. Leider war der Befund jedes

Mal negativ: Das Kind würde nicht gehen und nicht richtig sprechen können.

Der Letzte der konsultierten Ärzte gab den Eltern den Rat, nichts mehr zu versuchen, da keine Aussicht bestehe, das Gebrechen zu heilen. Schweren Herzens fügten sich die Eltern. Sie bereiteten sich vor, das Los mit dem geliebten Kind zu tragen. Als gläubige Eltern bauten sie auf die Kraft, die ihnen im Gebet geschenkt wurde.

Jemand anderer betete auch: die Großmutter. Doch ihr kam noch mehr zu als nur die Ergebung in Gottes Willen. Sie, die Witwe war, begann sich mit dem Enkelkind zu beschäftigen. Von einem Physiotherapeuten (= Heilgymnastiker) angeleitet, machte sie mit Thomas – so hieß der Junge – Bewegungsübungen, anfangs nur ganz leichte, versteht sich. Sie sprach mit dem Kind, sie erzählte ihm Geschichten, als es noch fast sicher war, dass Thomas sie nicht verstand. Sie baute Spielzeughäuschen, sie sang Kinderlieder für den Kleinen …

Es dauerte Monate, bis auch nur eine erste kleine Regung andeutete, dass Thomas sich freuen konnte. Die Großmutter war sich ihrer Sache sicher. Sie ließ sich auch durch Rückschläge nicht irremachen. Mit der vollen Unterstützung ihrer Tochter und ihres Schwiegersohnes und mit eiserner Disziplin führte sie die täglichen Turnübungen mit dem teilweise Gelähmten durch – oft gegen den Widerstand des Kindes kämpfend.

Unendlich mühsam und kaum merklich vollzog sich die Besserung des Jungen. Aber mit fünf Jahren war Thomas dann doch so weit, dass er in den Kindergarten gefahren werden konnte, wo er mit Gleichaltrigen spielte. Und ein Jahr später – kurz bevor ich die Familie kennenlernte – ging Thomas ohne Hilfe (d. h. ohne Krücken) in den Kindergarten.

Die ehedem gelähmten Beine des Jungen und die behinderten Arme sind leicht geschrumpft, und sie werden es wohl auch bleiben. Aber sonst ist der Junge völlig normal, fröhlich und voller Lebenslust. Er wird – wie seine Altersgenossen – im nächsten Frühjahr die Schule besuchen können.

Sie, liebe Leser, hätten das stille Gesicht der alternden Frau sehen müssen, als ihre Tochter die ergreifende Geschichte erzählte. Es wäre Ihnen bestimmt so ergangen wie mir: Ich hatte Mühe, meine Bewegung zu meistern. Da hatte die Liebe einer mütterlichen Frau den Kampf in einer scheinbar aussichtslosen Situation zugunsten eines Kindes gewonnen.

In diesem Haus lebte eine alte Frau jahrelang nur für die junge Familie mit ihrem kranken Kind. Sie gab ihre Ruhe werktags und sonntags hin, damit der Geist ihres Enkels erwachte und seine hilflosen Glieder erstarkten. Heute freut sie sich. Doch auch jetzt vergeht kein Tag, wo sie nicht mit Thomas turnt, spielt oder spricht.

Was ist doch die Liebe für eine Macht! Ich weiß
seit jenem Abend, dass sie Wunder zu wirken im-
stande ist. Übrigens – auch durch uns!

Reinhard Abeln

„Herr Pfarrer, rücken Sie ein bisschen ..."

Es ging ihnen nicht gut. Mitten unter lauter Einheimischen blieben sie die Fremden. Was sie aus-
zeichnete, war ihr Zusammenhalt als Galizien-
deutsche. Wer auch immer etwas bekam, sei es von
Verwandten aus Amerika oder woandersher, er
teilte es mit den anderen. Als Erbe von ihren pfäl-
zischen Urvätern war ihnen eine gewisse Leichtig-
keit eigen, die selbst in einer schwierigen Lage noch
Lebensfreude kannte.

Das war für die schwerblütigen Niedersachsen
der Lüneburger Heide – denn sie waren die Nachbarn – kaum zu verstehen. Wenn ich an diese Familien in Wietzendorf, Soltau, Wolterdingen,
Munsterlager und wie die Orte alle heißen zurück-
denke, dann ist das so wie eine Erinnerung an ge-
lebte Gemeinschaft: „Sie waren ein Herz und eine
Seele."

Mir war die Aufgabe zugefallen, unter ihnen regelmäßig Bibelstunden und Gottesdienste zu hal-

ten und Hausbesuche zu machen. Manchmal in Baracken, öfters noch in den kleinen Räumen, die die Einheimischen ihnen zum Wohnen überlassen hatten.

Eines Abends – es war im November, und der Regen hatte die Sandwege aufgeweicht, sodass ich mit meinem Motorrad kaum durchkam – hatte ich in W. Abendgottesdienst zu halten. Trotz Novembersturm waren viele gekommen. Und danach traf man sich noch in einem Stübchen zu einem „Schnack".

Für mich freilich wurde es bald Zeit, wieder aufzubrechen. Ich war gerade dabei, mich für die bevorstehende stürmische Motorradfahrt entsprechend einzukleiden, als mir jemand kopfschüttelnd zurief: „Was, bei dem Wetter wollen Sie heute noch los? Nein, das ist viel zu gefährlich. Sie bleiben hier. Wir bringen Sie schon unter."

Meine Einwände waren wahrscheinlich nicht sehr überzeugend. Jedenfalls keine halbe Stunde später hatten mich zwei alte Leutchen mit den Worten in ihre Mitte genommen: „Sie kommen zu uns. Wir behelfen uns schon."

Wir steuerten auf einen der breit daliegenden niedersächsischen Bauernhöfe zu, die so behäbig einladend in der Landschaft ruhen und gediegenen Wohlstand ausstrahlen. Am Haupteingang vorbei ging es durch eine schmale Tür, eine enge Stiege hinauf, und dann standen wir zusammen in zwei kleinen Zimmerchen. Das eine war Küche, Wohnraum und Tagesraum zugleich, das andere unter schrägem Dach die Schlafkammer.

Ein wenig hilflos schaute ich mich um, wo ich da wohl noch unterkommen sollte. Mir wurde bedeutet, mich in der Schlafkammer schon fertigzumachen und hinzulegen, was ich dann auch gern tat.

Keine zehn Minuten später legte sich der freundliche Gastgeber daneben und wünschte mir gute Nacht. Als ich so am Eindämmern war, sagte er dann noch zu mir: „He, Sie, Herr Pfarrer, rücken Sie ein bisschen, Mutter kommt auch noch!“

Das war Gastfreundschaft, die keine Grenzen kannte. Sie war typisch für eine Gruppe von Menschen unter uns, die vieles, manche alles, verloren hatten und die doch mit dem Evangelium gleichsam auf dem Duzfuß standen.

Johannes Kuhn

Plötzlich siehst du alles anders

Ein großer spanischer Schriftsteller, Lope de Vega, lag auf dem Sterbebett. Sein Leben zog wie ein Film an ihm vorüber: Er hatte viel Erfolg gehabt und wurde sein Leben lang mit Beifall überschüttet. Mit mehr als tausend Theaterstücken hatte er die Menschen begeistert. Er hatte nur für den Erfolg gelebt – sollte er am Ende eines so erfolgreichen Lebens nicht zufrieden sein?

Als seine letzte Stunde nahte, sah er die Dinge plötzlich anders. Aber der Arzt, der ihn pflegte, sagte bewundernd zu ihm: „Sie können glücklich sterben. Die Welt wird Sie nicht vergessen. Sie werden als Großer in die Geschichte eintreten."

„Herr Doktor", sagte der Sterbende, „ich sehe es jetzt ein: Vor Gott ist nur der groß, der ein gutes Herz hat. Wie gerne würde ich jetzt allen Beifall meines Lebens hergeben, wenn ich dafür nur eine einzige gute Tat mehr tun könnte."

Pierre Lefèvre

Die alte Frau und der Lager-kommandant

Eine alte lettische Frau nahm sich 1945 deutscher Soldaten an, die in sowjetische Kriegsgefangenschaft geraten waren. Sooft sie konnte, ließ sie ihnen ein Stück Brot zukommen.

Dabei wurde sie eines Tages erwischt. Sie wurde vor den sowjetischen Lagerchef zitiert. Der fuhr sie schroff an: „Hast du nicht gelesen, dass es strengstens verboten ist, den Kriegsgefangenen Lebensmittel zu geben?"

Die alte Frau nickte gelassen, ehe sie antwortete: „Herr Lagerkommandant, ich habe nicht irgendwelche Lebensmittel gegeben. Ich habe Brot gereicht!" Das sei ja schließlich einerlei, fauchte der Mächtige zurück: „Sag, hast du gewusst, dass es verboten ist, ja oder nein?"

Die alte lettische Frau überlegte einen Moment, ehe sie antwortete, dabei dem Lagerchef direkt in die Augen blickend: „Ich habe gelesen, dass angeschrieben steht, es sei verboten. Aber man darf nicht verbieten, unglücklichen Menschen zu helfen!"

Der Russe, jetzt gefährlich leise, fragte zurück: „Heißt das, dass du ihnen auch weiterhin Brot geben wirst?"

Die alte Frau sah ihm erneut in die Augen: „Genosse Direktor, hören Sie mir bitte mal ganz gut zu! Als die Deutschen die Herren waren, brachten sie russische Kriegsgefangene hierher zur Arbeit. Die litten große Not, und ich habe ihnen Brot gegeben. Dann brachten sie Juden hierher, die hatten auch großen Hunger, und ich habe ihnen Brot gegeben. Jetzt sind die Deutschen die Unglücklichen und leiden Hunger, und ich gebe ihnen Brot. Und wenn Sie, Genosse Direktor, eines Tages das Unglück haben sollten, Gefangener zu werden und Hunger zu leiden, dann werde ich auch Ihnen Brot reichen!"

Die alte Frau ließ den Lagerchef stehen, drehte sich um und ging. Der Russe unternahm nichts gegen sie.

Gustav Heinemann

Die Sonnenblume

Eine ältere Dame, etwas kränkelnd, aber nicht bettlägerig, wohnte in einem engen Zimmer – genau eine Etage unter ihrer Vermieterin, die mit fast allen anderen Hausbewohnern im Streit lag.

Da überlegte die Dame, wie sie wohl der Vermieterin ein wenig näherkommen könnte: Wenn sie an ihrer Tür läutete, wurde ihr nicht aufgemacht; wenn sie versuchte, sie übers Telefon zu erreichen, wurde nicht abgehoben. So erging es allen im Hause.

Da hatte die Dame eine Idee. Sie pflanzte eine Sonnenblume in einen großen Topf und stellte sie auf ihren Balkon.

Die Blume wuchs sehr schnell, und bald erreichte sie den oberen Stock – den Balkon der Vermieterin. Und als die Sonnenblume zu blühen begann – die ältere Dame begoss sie täglich –, da leuchtete die Blüte genau auf der Höhe des oberen Balkons, wo die Vermieterin wohnte.

Da freute sich diese so sehr, dass sie hinunterging und sich für die Sonnenblume bedankte. So kamen sie ins Gespräch – und alle Hausbewohner schmunzelten erleichtert über den Trick der Dame mit der Sonnenblume ...

Adalbert Ludwig Balling

Allen Menschen Freundlichkeit

Das habe ich mir als Krankenhauspfarrer vorgenommen: Ohne ein freundliches Gesicht gehst du nicht in ein Krankenzimmer! Freundlichkeit gehört für mich einfach dazu, ist geradezu Voraussetzung für einen gelingenden Besuch.

Das Echo belohnt mich manchmal für die Verwirklichung dieses Vorsatzes. Neulich sagte mir ein Kranker frisch heraus: „Sie sind aber ein freundlicher Mensch!" Das tut gut und ich merkte, wie er selber dabei strahlend lächelte.

Freundlichkeit ist eben keine Einbahnstraße. Sie kennen ja das Sprichwort: „Wie man in den Wald hineinruft, hallt es auch wieder heraus." Aber leider handeln wir nicht immer danach. Der Grund: Weil wir zu oft die Kleinigkeiten (der Freude) übersehen und dauernd auf der Jagd nach den so genannten großen Freuden des Lebens sind. Und die kommen bekanntlich ziemlich selten vor!

Was ich mit „Kleinigkeiten der Freude" meine? Beispielsweise, wie schon erwähnt, ein ganz einfaches Lächeln. Auch ein humorvolles Wort kann Wunder wirken oder bescheidene Dienstleistungen – etwa die Schnabeltasse füllen und zureichen oder beim Hausschuhe anziehen behilflich sein.

Vor Kurzem wunderte sich eine Patientin über mich, weil ich sie auf ihr Zimmer im Rollstuhl zurückfuhr; ich bemerkte nämlich, dass sie beim zu langen Warten auf dem Flur ungeduldig wurde. „Was, der Herr Pfarrer fährt mich durch die Gegend!", sagte sie und bedankte sich mehrmals bei mir. Sie wird es wohl nicht vergessen.

Kurzum: Freundlich muss es zugehen, denn kein Mensch hält es auf Dauer ohne Liebe und Freundlichkeit aus. Und wenn es dann daran fehlt, suchen sich manche Ersatzhandlungen, die zu nichts taugen. Ich las neulich davon, dass es Leute gibt, die in ihrer Verlassenheit die Ansager am Fernsehschirm küssen … Tragisch und begreiflich zugleich!

Es ist unsere Aufgabe, durch unser Verhalten dazu beizutragen, dass solches Verhalten nicht notwendig wird. Das bedeutet: dem Nächsten gegenüber aufmerksamer werden und erfinderisch Freundlichkeit ausstrahlen. Paulus schrieb nicht umsonst an seine Gemeinde in Philippi: „Lasset eure Freundlichkeit allen Menschen kund werden!"

Immer wieder ist es das Kleine und Unscheinbare, in dem uns Gottes Freundlichkeit aufscheint. Sie sollte niemals Mangelware werden.

Paul Gindele

Philemon und Baucis

Wenn ihr auf einer Anhöhe zwei einsam stehende Bäume seht, die einander umarmen, so stört sie nicht in ihrem Glück. Vielleicht wachsen sie dort durch den Willen eines Gottes, so wie die Linde und die Eiche auf einem Hügel in Phrygien.

Einst besuchte der Göttervater Zeus dieses Land. Er wanderte in menschlicher Gestalt durch die Welt, und sein Sohn Hermes begleitete ihn. Eines Tages erreichten sie, von den Strapazen des Weges staubig und erschöpft, eine reiche Ortschaft. Aber vergebens fragten sie nach einem Nachtlager, überall fanden sie verschlossene Türen.

Nur in einem Häuschen am Rand der Gemeinde wurden sie freundlich empfangen. Es war zwar klein und nur mit Stroh gedeckt, aber die Gastfreundlichkeit seiner Bewohner machte die Armut wett. In diesem Häuschen lebten lange Jahre in Liebe und Eintracht der alte Philemon und seine Frau Baucis. Sie waren so arm wie ihre Wohnstatt, sie waren Herr und Diener zugleich.

Als die Wanderer die niedrige Hüte betraten, bat sie Philemon, Platz zu nehmen, und Baucis tischte auf. Sie schürte im Kamin das fast erloschene Feuer, stellte einen Kessel mit Wasser auf, kochte ein Stück Geräuchertes und reichte den Gästen Salat und Radieschen dazu sowie Käse und Eier. Philemon brachte einen guten Tropfen herbei. Und als

Nachspeise erhielten die Gäste eine Honigwabe, Feigen und Datteln. Das war alles, was die Alten geben konnten, und es war reichlich, denn es kam von Herzen.

Die Alten wussten nicht, wer ihre Gäste waren, aber bald erkannten sie es. Wenn Philemon nachgießen wollte, füllte sich der Krug durch den Willen der Götter immer wieder aufs Neue mit Wein.

Philemon und Baucis erkannten, dass sie von Göttern besucht wurden. Sie rangen die Hände und baten demütig, ihnen das bescheidene Essen zu verzeihen.

Um ihre Schuld zu tilgen, liefen sie in den Hof hinaus und begannen ihre einzige Gans zu fangen. Aber die beiden hatten einen schwachen Atem, und die Gans hatte schnelle Flügel. Sie entkam und begab sich unter den Schutz der Gäste, die sie verschonten.

„Wir sind Götter", sprachen sie zu den Alten, „und für eure ungastlichen Nachbarn wird die Strafe nicht ausbleiben. Verlasst eure Hütte und geht mit uns auf jene Anhöhe!"

Philemon und Baucis eilten, sich auf ihre Stöcke stützend, den Göttern hinterdrein. Als sie am Fuß der Anhöhe zurückschauten, sahen sie die Ortschaft im Wasser versinken. Nur ihre Hütte hatte keinen Schaden genommen. Vor ihren Augen verwandelte sie sich in einen Tempel.

Der Göttervater wandte sich an die beiden Alten und sprach freundlich zu ihnen: „Eure Güte soll belohnt werden. Sagt euren Wunsch; er wird in Erfüllung gehen."

Philemon und Baucis berieten sich ein Weilchen, dann sagten sie: „Wir möchten die Wächter des Tempels werden. Und wenn unsere Zeit abgelaufen ist, möchten wir zusammen sterben, so wie wir bis jetzt gemeinsam gelebt haben."

Die Götter erfüllten ihnen die Bitte. Solange sie lebten, waren sie die Wächter des Tempels. Und als ihre Stunde kam, sah Philemon plötzlich, wie sich Baucis in grüne Blätter einhüllte. Und Baucis erblickte Philemon von grünen Blättern umgeben. „Leb wohl, liebe Frau!" – „Leb wohl, lieber Mann!", sprachen sie leise, bevor ihre Stimmen in den Baumkronen verstummten.

Seitdem stehen auf dieser Anhöhe eng beieinander eine Eiche und eine Linde.

Märchen der griechischen Antike

Ein Herz voller Dankbarkeit

Es ist kaum zu glauben, was die Dankbarkeit aus einem Menschen machen kann. Das gilt besonders für die Zeit des Älterwerdens. Man entdeckt die vielen winzigen Aufmerksamkeiten und merkt, dass im Leben eigentlich gar nichts selbstverständlich war und ist. Das Erlebnis der Dankbarkeit schenkt ein Glücksgefühl, das Jüngere kaum ahnen können.

Es ist wahr, was uns Martin Buber (1878–1964), der jüdische Religionsphilosoph, sagt: „Je älter man wird, umso mehr wächst in einem die Neigung zu danken." Vielleicht überlegen wir einmal in einer stillen Viertelstunde: Wem habe ich heute besonders zu danken?

Der Leuchter der zwölf Derwische

Ein alter weiser Mann wurde während einer Pilger-
fahrt plötzlich krank. Eine arme Witwe pflegte ihn
liebevoll gesund, und so konnte er bald – begleitet
vom Sohn der Witwe – seinen Weg fortsetzen. Beim
Abschied sagte die Mutter zu Abdullah: „Viel
Glück, mein Sohn! Höre gut auf diesen weisen
Mann! Du kann von ihm viel lernen. Ich werde
sehnsüchtig auf deine Rückkehr warten."

Der weise Mann und Abdullah wanderten über
Berge und durch Täler. Sie gingen durch Städte und
Dörfer, durch Steppen und Wüsten. Abdullah lern-
te auf dem Weg die Welt und die Menschen kennen.
Der weise Mann sorgte für ihn wie ein guter Vater.
Über das, was er sagte, musste Abdullah lange
nachdenken.

„Ich bin glücklich und dankbar, dass ich in deiner Nähe leben darf", sagte Abdullah öfters.
„Dankbarkeit muss sich im Tun zeigen", sagte der
weise Mann. „Du wirst dazu noch viel Gelegenheit
haben."

Eines Tages gingen sie schweigend durch eine
öde Landschaft, dann durch geheimnisvolle Gän-
ge. In einem Labyrinth, wo die Felsen einen Halb-
kreis bildeten, sagte der weise Mann: „Wir sind am
Ziel! Ich werde beten, und wenn die Felsen sich
öffnen, dann hole mir bitte aus der Schatzhöhle
einen zwölfarmigen Leuchter. Der liegt dort vor

einer Tür. Lass dich aber nicht von den vielen Schätzen dort ablenken und gefangen nehmen! Tu, was ich dir sage, und bringe mir den Leuchter!"

Abdullah versprach, den Wunsch des weisen Mannes zu erfüllen. Er zwängte sich mit einer brennenden Fackel durch den Spalt, der sich vor ihm auftat. Er kam durch einen niedrigen Gang zu einer verrosteten Tür. Abdullah drückte die Klinke und trat in einen großen Raum. Er entdeckte kostbare Teppiche und unzählige Truhen mit Gold, Silber und Edelsteinen. Er fand kostbare Perlen und herrlichen Schmuck.

Abdullah konnte nicht widerstehen. Er steckte seine Fackel in eine Vase und wühlte mit beiden Händen in den gefundenen Schätzen. Der Glanz fesselte ihn so, dass er seinen Auftrag vergaß. Er füllte die Taschen mit herrlichen Diamanten.

Dann kam er in eine Waffenkammer. Dort lagen Schwerter, Speere und Lanzen mit Griffen aus Gold und herrlichen Edelsteinen. Abdullah behängte seinen Gürtel mit Messern, Schwertern und Dolchen. Im nächsten Saal glänzten Goldstücke und Münzen. Abdullah steckte so viel ein, dass seine Kleidung fast zerriss. Alles war so schwer, dass er kaum noch aufrecht stehen konnte.

Da suchte er den Leuchter. Als er diesen in die Hand nahm, drang ein dumpfes Dröhnen durch die Höhle. Ängstlich suchte er den Rückweg. Doch vergebens! Der Spalt in der Felswand hatte sich wieder verschlossen. Angstschweiß trat Abdullah auf die Stirn. Die Höhle hatte sich in ein Grab verwandelt.

Sollte er hier inmitten der kostbaren Schätze verhungern? Hätte er doch nur nicht seine kostbare Zeit damit vertan, so übermäßig viele Schätze zu sammeln, dass er jetzt unter ihrer Last fast zusammenbrach. Laut schrie er zu Gott um Hilfe und suchte nach einem Ausweg. Es tat ihm leid, dass er sich vom Gold hatte blenden und von den Schätzen hatte fesseln lassen. Seine Fackel brannte ab, bis sie schließlich erlosch. Konnte er nun noch etwas anderes tun, als in der Dunkelheit den Tod zu erwarten? Mutlos wollte er sich hinsetzen. Doch da fiel ihm der Satz des weisen Mannes ein: „Wo die Not am größten, da ist Gottes Hilfe am nächsten." Gottes Hilfe, um die rief und schrie er, als er in der Dunkelheit nach einem Lichtblick suchte. Endlich entdeckte er in der Decke der Höhle ein schwaches Licht. Mit letzter Kraft kletterte er nach oben und dankte für das Glück der Rettung.

Abdullah war frei. Schnell vergaß er Gottes Hilfe. Er suchte nach Ausreden, um vor dem weisen Mann seine reiche Beute zu rechtfertigen. Wozu brauchte er jetzt den alten Mann überhaupt noch? Er war doch reich und mächtig mit seinen Goldstücken und Diamanten.

Der weise Mann war spurlos verschwunden. Froh ging Abdullah mit seinen Schätzen nach Hau-

se. Seine Mutter freute sich und staunte. Gemeinsam überlegten sie, was sie von den Schätzen alles
kaufen wollten. Die Schätze aber verschwanden vor
ihren Augen wie Schnee vor der Sonne. Nur der
Leuchter blieb übrig, den Abdullah dem weisen
Mann bringen sollte.

Nun machte er sich mit dem Leuchter auf den
Weg. Er fand den weisen Mann in einem fürstli-
chen Palast. Ein prächtig gekleideter Kammerdie-
ner kam ihm entgegen und sagte: „Der Friede sei
mit dir, Abdullah! Mein Herr wartet schon auf
dich!" Mit Lügen, die er sich auf dem langen Weg
zurechtgelegt hatte, übergab er dem weisen Mann
den Leuchter.

„Du bist ein undankbarer Betrüger", sagte der
weise Mann. „Glaubst du etwa, dass du mich mit
schönen Worten hinters Licht führen kannst? Ich
lese deine geheimsten Gedanken wie ein offenes
Buch." Dann gab er Abdullah einen Schlüsselbund
mit zwölf Schlüsseln, damit er Zutritt zu allen
Schätzen habe.

Abdullah bewunderte die kostbaren Schätze des
weisen Mannes. Die Habgier wurde in ihm größer.
Nach Tagen konnte er nicht widerstehen. Er nahm
viele Schätze an sich, packte den Leuchter auch
wieder ein und floh damit zurück. Mit den Schätzen füllte er alle Zimmer seines Hauses.

Doch Glück brachten ihm diese Schätze nicht.
Als sie wieder verschwanden wie Schnee vor der

Sonne, fragte er sich: „Was habe ich nur falsch gemacht?" Lange musste er darüber nachdenken, bis
ihm endlich ein Licht aufging und er erkannte, wo
die wahren Schätze für sein Leben zu finden waren.

Persisches Märchen

Brief an einen Freund

Aus einem Sanatorium schrieb ein 55-jähriger, an
den Rollstuhl gefesselter Mann an seinen Freund
folgenden nachdenkenswerten Brief:

„Die Tage meines Krankseins haben in mir eine
Wandlung vollzogen, die ich selbst nicht für möglich gehalten hätte. Es ist etwas anderes, vierzehn
Tage lang eine Grippe auszukurieren oder von einer Blinddarmoperation zu genesen, als acht Monate lang hier im Sanatorium zu liegen. Das Wissen
darum, zeit meines Lebens nie mehr als körperlich
gesunder Mensch in das Leben zurückkehren zu
dürfen, hat mich seither sehr bedrückt.

Nun habe ich aufgehört, ständig mit meinem
Schicksal zu hadern und voll Neid auf die anderen
zu schauen. ‚Du musst lernen', hatte der Arzt zu
mir gesagt, ‚dass die Ziege dort weiden muss, wo
sie angebunden ist.' Der Vergleich war zwar wenig
schmeichelhaft, aber der Rat war gut gemeint. Seit-

dem ich mir diese begrenzte Möglichkeit bewusst gemacht habe, entdecke ich erst im Naheliegenden viele verborgene Werte, die mir der Blick in eine erträumte Zukunftsmöglichkeit zuvor verstellt hat.

Wenn ich tagsüber mit dem Rollstuhl in den Park des Sanatoriums fahre und mir die Bäume und Blumen anschaue, dann frage ich manchmal, wozu sie überhaupt noch wachsen, wo doch in der Hektik des Alltags bald niemand mehr Zeit hat, ihre Schönheit zu bewundern. Du wirst lachen – aber ich freue mich mit den Blumen, dass wir einander neu entdeckt haben.

Gottes Schöpfung ist schon etwas Großartiges, wenn man sie noch sieht, und vermag tief empfundene Freude und Ehrfurcht zu wecken. Dabei habe ich nicht nur Blumen, Schmetterlinge und Vögel entdeckt, ich habe auch Menschen gefunden – Menschen, die noch Zeit füreinander haben, die gemeinsam spielen, lachen und scherzen, die sich noch etwas zu sagen haben und nicht ständig aneinander vorbeireden.

Ja, ich habe in mir sogar die Fähigkeit zu beten wieder neu entdeckt, und du glaubst gar nicht, welche verändernde Kraft von einem guten Gebet ausgehen kann, wenn es nicht nur um das eigene Ich kreist und sich der Weite des Lebens öffnet. Es schenkt Geborgenheit, Vertrauen und rückt einen etwas aus dem Mittelpunkt, für den man sich so gerne hält.

Es ist köstlich, den Sonntagsbesuchern hier im Sanatorium zuzusehen, wie sie in hastiger Eile ins Haus rennen, so, als gelte es, die einstündige Besuchszeit optimal zu nützen. Sie merken wohl schon gar nicht mehr, wie sie rennen und der Zeit davonlaufen, die doch für sie da ist. Schon bald sind sie um Gesprächsstoff verlegen, blicken immer wieder verstohlen auf die Zeiger ihrer Uhr, die ihnen Befreiung aus der ungewohnten Umgebung verkündet. Was – außer ihren Geschenken – lassen sie denn zurück als ihre Nöte und Alltagssorgen?

Mir wäre es manchmal lieber, wir könnten im Spiel, beim Basteln oder Musizieren Gemeinschaft erleben, die uns aneinander Freude schenkt. Stattdessen ringen sie oft hilflos nach Worten des Bedauerns, die ihnen ungewohnt und schwerfällig über die Lippen kommen. So viel Bedauern ist für den Behinderten gar nicht gut. Es begünstigt nur die in jedem Leben vorhandene Anfälligkeit, durch Mitleid Interesse auf sich zu ziehen. ‚Der Arme – noch so jung und schon an den Rollstuhl gefesselt!‘ Wer sagt es denn, dass ich so arm bin? Wir legen nur verschiedene Maßstäbe an das Leben an. So arm bin ich gar nicht – und lieber an den Rollstuhl gefesselt als an Beine, die in ihrer geschäftigen Umtriebigkeit weder Maß noch Ziel kennen.

Manchmal denke ich, dass man erst krank gewesen sein muss, um zu erkennen, welchen Wert die

Gesundheit für den Menschen bedeutet. Aber auch im Kranksein eröffnen sich viele lebenswerte Möglichkeiten, sofern man nur die Kraft hat, sich der neu gewordenen Begrenzung anzupassen. Es braucht Mut, ja sogar viel Mut, um diese Erkenntnis zu leben. Erleichtert wird sie nicht durch das Bedauern, sondern durch die Annahme seiner selbst und die Gemeinschaft der Mitmenschen, in die wir uns zufrieden einordnen.

Ja, wenn ich den Maßstab des Zufriedenseins an das Leben anlege, so lebe ich heute ausgeglichener, bin ich reicher und dankbarer geworden. Solche Eigenschaften sind in der Stille der Zeit in mir aufgekeimt und machen mich froh und dankbar. Dankbar für jeden Dienst, der an mir geschieht, weil ich in der Zwischenzeit gelernt habe, dass auch die kleinste Selbstverständlichkeit im Leben des Lohnes und der Anerkennung wert ist – und sei es nur durch ein gütiges Lächeln."

Reinhard Abeln

Die Wunderpillen

Ein Arzt machte seine gewohnten Besuche bei seinen Patienten im Altenheim. Auch dieses Mal fiel ihm wieder, wie schon so oft, ein 96-jähriger Mann auf, der stets zufrieden und fröhlich war.

Heute sprach er ihn an und fragte nach dem Geheimnis seiner Freude. Strahlend antwortete der Alte: „Herr Doktor, ich nehme jeden Tag zwei Pillen ein!"

Daraufhin meinte der Arzt: „Zwei Pillen nehmen Sie täglich? Die habe ich Ihnen doch gar nicht verordnet."

Verschmitzt lachte der Alte. „Das können Sie auch gar nicht, Herr Doktor. Am Morgen, wenn ich aufstehe, nehme ich gleich die Pille der Zufriedenheit, und am Abend, bevor ich einschlafe, nehme ich die Pille der Dankbarkeit. Diese beiden Pillen haben bisher ihre Wirkung noch nie verfehlt."

„Das will ich Ihnen gern glauben", meinte der Arzt. „Ihr Rezept werde ich weiterempfehlen."

Überliefert

Der Bettler

Ich ging die Straße hinunter ... Ein dürftiger, gebrechlicher Greis hielt mich an. Entzündete, tränende Augen, fahlblaue Lippen, zerfetzte Lumpen, unsaubere Schwären ... O, wie schrecklich hatte die Not dieses unglückliche Geschöpf verunstaltet! Er streckte mir seine gerötete, verschwollene, schmutzige Hand hin ...

Er stöhnte, er ächzte um Hilfe.

Ich begann all meine Taschen zu durchsuchen ... Aber weder Geldbeutel noch Uhr, nicht einmal ein Taschentuch waren da ... Ich hatte nichts mitgenommen. Der Bettler aber wartete noch immer ..., und seine vorgestreckte Hand bebte und zitterte vor Schwäche. Verwirrt und verlegen ergriff ich mit kräftigem Druck diese schmutzige, zitternde Hand ...

„Zürne mir nicht, Bruder, ich habe gar nichts bei mir, mein Bruder."

Der Bettler richtete seine entzündeten Augen auf mich; ein Lächeln kam auf seine fahlen Lippen – und dann drückte auch er meine erkalteten Finger.

„Lass es gut sein, Bruder", sagte er leise, „auch dafür bin ich dir dankbar. – Auch das ist eine Gabe, mein Bruder."

Da fühlte ich, dass auch ich von meinem Bruder eine Gabe empfangen hatte.

Iwan Turgenjew

Ohne Humor ist alles nichts

Haben Sie heute schon gelacht oder wenigstens gelächelt? Der Humor ist etwas gut Menschliches.
Wohl dem, der ein wenig davon hat! Mit etwas Humor im Herzen kann jeder die ihm von Gott gestellte Lebensaufgabe leichter und besser meistern.
Das gilt auch und gerade für die Zeit des Alters, in
der viele Menschen bekannterweise eher zum Ernst
als zum Humor neigen.

Es ist niemandem verwehrt, sich über alles im
Leben zu ärgern, nur verpflichtet ist man dazu
nicht. In der Heiligen Schrift ist zu lesen: „Über-
lasse dich nicht der Sorge, schade dir nicht selbst
durch dein Grübeln! Frohsinn verlängert die Tage.
Überrede dich selbst, beschwichtige dein Herz,
halte Verdruss von dir fern! Denn viele tötet die
Sorge, und Verdruss hat keinen Wert. Neid und
Ärger verkürzen das Leben, Kummer macht vor-
zeitig alt" (Sir 30,21–24).

„Niersteiner Domkaffee"

Nur einen Spalt breit öffnete sie die Tür, nachdem ich geklingelt hatte. Misstrauisch beäugte sie mich. Aber da ich weder einen Staubsauger hinter meinem Rücken verbarg noch irgendeine Plakette an meinem Anzug trug, die ein Waschmittel anpries, sondern mich ganz schlicht als ihr Pfarrer vorstellte, ließ sie mich schließlich eintreten.

Eigentlich wollte ich nur einen kurzen Besuch machen. Aber offenbar war sie sehr lange allein gewesen; denn jetzt sprudelte es nur so aus ihr heraus. Sie erzählte von ihren Kindern, von dem verstorbenen Mann, kommentierte die Zeit mit ihren Erscheinungen und landete schließlich bei ihren Krankheiten.

„Ich war oft krank, wissen Sie. Ich hatte es mit den Nieren. Alles Mögliche habe ich versucht; aber nichts half. Und dann war es eines Tages so weit. ‚Nierensteine!', sagte der Arzt. ‚Da werden wir wohl operieren müssen.' Ich bekam vielleicht einen Schrecken! Aber was sein muss, das muss eben sein.

Da drüben im Städtischen Krankenhaus habe ich gelegen. Im dritten Stock, bei Schwester Renate. Kennen Sie Schwester Renate? Eine feine Person, kann ich Ihnen sagen. Wenn die zu uns ins Zimmer kam, das war, wie wenn …

Ach so, ich wollte ja von meiner Operation erzählen. Also: Als alles vorbei war, sagte der Doktor: ‚Frau Petersen, so viele, vor allem so große
Nierensteine wie bei Ihnen habe ich selten bei einer
Operation gesehen.‘ Und der Doktor muss es ja
schließlich wissen. Er hat doch schon so viele Ope-
rationen hinter sich. ‚Wie sehen denn Nierensteine
aus?‘, fragte ich ihn. ‚Kann ich die mal anschauen?‘
– ‚Na gut‘, sagte er lachend, ‚ich bringe Ihnen Ihren
Beutel.‘ Na, das war vielleicht eine Bescherung!
Lauter kleine und große Steine, das kullerte und
klickerte nur so durcheinander. Und das jahrelang
in mir! Übrigens, kennen Sie Nierensteine?“

Ich verneinte.

„Oh, da kann ich Ihnen meine zeigen!“

Und damit ging sie an den Stubenschrank, öffnete ihn und holte eine Sammeltasse heraus, die bis
an den Rand mit grauen Steinen und Steinchen ge-
füllt war.

Lächelnd sagte sie: „Solche kostbaren Steine
müssen ja auch in einem kostbaren Gefäß ruhen –
meinen Sie nicht auch?“

Und damit stellte sie die Sammeltasse vor mich
hin. Sie machte einen halben Schritt zurück und
wartete offenbar auf meine Reaktion.

Was soll man in einer solchen Lage sagen? Nun,
ich konnte ihr keinen größeren Gefallen erweisen,
als eben die Größe und Vielzahl der Steine gebüh-
rend zu bewundern. Das tat ich dann auch. Offen-

bar gelang mir das so eindrucksvoll, dass sie mir noch eine besonders große Freude machen wollte.

„Wissen Sie was? Jetzt kriegen Sie noch eine Tasse Kaffee von mir!" Sie griff nach der Sammeltasse, stülpte die Steine heraus, nahm die Tasse mit zum Herd, schenkte mir ein und – was blieb mir anders übrig, als in kleinen Zügen den Kaffee zu schlürfen … immer in der Hoffnung, dass er nicht steinbildend wirken würde.

Johannes Kuhn

„Nimm dich nicht so wichtig!"

Wie viel Humor besaß Papst Johannes XXIII. (1881–1963)! „Endlich wieder ein Papst, der fröhlich ist und lacht", raunten sich Christen und Nichtchristen gegenseitig zu. Selten war ein Papst bei allen Konfessionen so beliebt wie Johannes XXIII. Er war heiter und gelassen, verstand zu schmunzeln und zu lächeln und – er nahm sich nicht so wichtig!

Folgende Begebenheit wird von ihm berichtet: Papst Johannes XXIII. hatte einen Erzbischof zum Kardinal ernannt. Einige Zeit später wurde der neue Kardinal vom Papst in Audienz empfangen. Aber – wie sah er aus! Völlig abgemagert war er und nervös!

Johannes XXIII. erkundigte sich nach seinem Wohlergehen. Der Kardinal rückte nach einigem Zögern mit der Sprache heraus. Es gehe ihm gar nicht gut. Seit der Ernennung zum Kardinal schlafe er schlecht. Er habe keinen Appetit, mache sich Tag und Nacht Sorgen um die Kirche, die schlimmen Zeiten entgegengehe, die Verantwortung laste schwer auf ihm. Es sei so schwer, Hirte einer so verwirrten Herde zu sein!

Der gütige Johannes hörte geduldig und still vor sich hinlächelnd zu und meinte dann, ihm sei es ähnlich ergangen, als er Papst geworden sei. Er habe anfangs auch schlecht geschlafen. Überall habe er unerfüllte und unerfüllbare Aufgaben gesehen. Aber jetzt gehe es ihm besser. Er könne auch wieder schlafen und sei morgens ausgeruht.

Der Kardinal fragte den Papst, ob er am Abend ein „Mittel" einnehme. Johannes XXIII. verneinte und sagte wiederum lächelnd, dass eines Nachts, als er wach gelegen sei, ihm sein Schutzengel gesagt habe: „Giovanni" (so hieß der Papst mit dem Taufnamen), „nimm dich nicht so wichtig!" An diesen Rat habe er sich seitdem gehalten!

Reinhard Abeln

Man muss sich nur zu helfen wissen

Es gehörte zum guten Ton in Ostfriesland, bei einem Besuch erst dann wieder wegzugehen, wenn man seine drei „Köpke Tee" serviert bekommen hatte. Und was das für ein Tee war! Der konnte es mit jeder Müdigkeit aufnehmen.

Aber nicht nur dies, sondern es wurde ein Zeremoniell daraus: die in Ehren ergraute Teekanne, das kupferne Stövchen, die mächtigen Kandisstücke, über die der heiße Tee sich klirrend ergoss, und die Sahne, die ganz zart mit einem Extralöffel aufgelegt wurde. Wie ein Eisberg schaute der Zucker noch heraus: ein Siebtel über Wasser, sechs Siebtel unter Wasser, besser gesagt: unterm Tee.

Nicht immer freilich war es so einfach, direkt an ihn heranzukommen. Denn bei bestimmten Besuchen wurde die gute Tasse aus dem Sonntagsgeschirr vom offenen Buffet genommen. Na, und wenn die dann schon einige Wochen gestanden hatte …

Jedenfalls, die Staubschicht war ziemlich dick, die sich oberhalb der Milch als Zweitauflage präsentierte. Aber was sollte ich machen? Ganz vorsichtig blies ich mir jeweils eine Stelle frei, um auf diese Weise an das köstliche Nass heranzukommen. Ein Strohhalm wäre natürlich besser gewesen – aber bei diesem „Zeremoniell"!

Es war an einem Geburtstag, ich weiß nicht mehr, wie alt der Jubilar wurde. Alles war aufs

Feinste gerichtet. Ich saß zwischen den Gästen, hatte meine kleine Begrüßungs- und Gratulations-rede gehalten, und nun ging's ans Kaffeetrinken.

Die einschenkende Hausfrau überlegte kurz, bei wem sie zuerst beginnen sollte, und ihre Blicke wanderten zwischen dem Jubilar und mir hin und her. Schließlich entschloss sie sich doch – aus wel-chen Gründen auch immer –, mir zuerst einzu-schenken.

Es war eine von diesen mächtigen, bauchigen Kannen, in denen Kaffee noch nach alter Weise gekocht wird. Viel Kaffee rein und kochendes Was-ser drauf! Vielleicht hatte er nicht lange genug ge-standen – jedenfalls kam, als sich die Kannen-schnauze über meine Tasse senkte, nichts heraus.

Kurz entschlossen griff die Hausfrau in ihren Zopf, holte eine Nadel heraus und stocherte fünf-, sechsmal ordentlich durch die geballte Ladung von Kaffeemehl, und ein frischer Strahl duftenden Kaf-fees ergoss sich in meine Tasse. Er war gut heiß. So mochten die Bakterien eventuell sehr schnell ir-gendwelches ansteckende Leben ausgehaucht ha-ben.

Wir waren schon zum Gehen bereit, mein Vi-karsvater und ich, als der Jubilar uns noch jedem eine Zigarre brachte. „Hier", sagte er, „das ist für den Heimweg." Und dabei biss er herzhaft die Spit-zen ab, um uns einen kräftigen Zug an seinem Ge-schenk zu gewährleisten.

So ganz recht war uns das natürlich nicht. Aber wir rauchten beide gern – außerdem konnte man ja vielleicht draußen mit einem Messer noch nachhelfen.

Aber nun wollte der Jubilar gern, dass wir die Zigarre bei ihm noch anzündeten.

„Also", sagte mein Chef, „wissen Sie, Herr Nordhold, das sind so gute Zigarren, die rauchen wir lieber zu Hause."

„Ja", sagte der alte Herr, „wenn Sie meinen. Aber dann sollte ich sie Ihnen noch ein wenig fest machen."

Und damit nahm er die Zigarre, zog jede von der einen und von der anderen Seite quer durch den Mund und überreichte sie uns wieder.

„Hier", sagte er, „Spucke bewahrt das Deckblatt vor dem Zerbrechen", und überreichte uns die beiden Brasil.

Na, was soll ich sagen? Wir haben sie beide, jeder in seiner Pfeife aufgeraucht, zu Hause, versteht sich – nach Abnahme des Deckblatts.

Johannes Kuhn

Großvaters Bart

Der kleine Emil ist auf Besuch bei seinem Großvater. Der alte Herr versteht es großartig, mit seinem Enkel umzugehen, und dieser wieder hängt mit großer Liebe an seinem Großvater, und alles, was dieser macht und tut, findet die Bewunderung des kleinen Mannes.

Schon das Äußere des Großvaters ist ihm bewundernswert – besonders der lange graue Bart, der ihm bis auf die Brust herabhängt, und die große blanke, wie ein Vollmond schimmernde Glatze.

Als nun der kleine Emil wieder einmal zwischen den Knien seines im Klubsessel ruhenden Großvaters steht, fragt er: „Großvater, sag, bist du auch einmal ein kleiner Junge gewesen?"

„Aber freilich", sagt der Großvater, „freilich bin ich auch einmal ein kleiner Junge gewesen, so klein wie du – und noch kleiner!"

Da klatscht Emil vor Freude und Vergnügen in die Hände und ruft mit Lachen: „Aber Großvater, musst du komisch ausgesehen haben – mit deiner Glatze und deinem langen Bart!"

Volksgut

Wie vor vierzig Jahren …

Drei befreundete alte Männer saßen zusammen und sprachen von den Freuden der Jugend und der Last des Alters. „Ach", stöhnte der eine, „meine Glieder wollen nicht mehr, wie ich will. Was bin ich doch früher gelaufen wie ein Windhund, und jetzt lassen mich meine Beine so im Stich, dass ich kaum mehr einen Fuß vor den anderen setzen kann."

„Du hast recht", pflichtete ihm der zweite bei. „Ich habe das Gefühl, meine jugendlichen Kräfte sind versickert wie das Wasser in der Wüste. Die Zeiten haben sich geändert, und zwischen den Mühlsteinen der Zeit haben wir uns geändert."

Der dritte, ein Mullah, ein Laienprediger, kaum weniger klapprig als seine Gefährten, schüttelte den Kopf: „Ich verstehe euch nicht, liebe Freunde. Ich kenne das alles von mir nicht, worüber ihr klagt. Ich bin genauso kräftig wie vor vierzig Jahren." Das wollten ihm die anderen nicht glauben.

„Doch, doch" ereiferte sich der Mullah. „Den Beweis dafür habe ich erst gestern erbracht. Bei mir im Schlafgemach steht schon seit Menschengedenken ein schwerer eichener Schrank. Vor vierzig Jahren habe ich versucht, diesen Schrank zu heben, aber was glaubt ihr, Freunde, was geschah? Ich konnte den Schrank nicht heben. Gestern kam mir die Idee, ich solle einmal den Schrank anheben. Ich versuchte es mit allen Kräften, aber wieder schaffte ich es nicht. Damit ist doch eines klar bewiesen: Ich bin genauso kräftig wie vor vierzig Jahren!"

Persische Geschichte

Der kranke Rabbi

Einmal musste der Rabbi für eine Weile das Bett hüten, weil er ernstlich erkrankt war. Doch trotz seiner Krankheit konnte er noch Witze machen.

Die Frau des Rabbi war um die Gesundheit ihres Mannes sehr besorgt. Wenn sie an seinem Bett saß, konnte sie ihre Tränen oft nicht mehr zurückhalten.

Als der Rabbi seine Frau wieder einmal weinen sah, sagte er zu ihr: „Warum weinst du, meine Liebste? Geh und wasche dein Gesicht, zieh dein bestes Kleid an und lächle!"

„Aber Rabbi", sagte die Frau, „das kann ich nicht, wenn du solche Schmerzen hast und so viel leidest!"

„Warum nicht?", erwiderte der Rabbi. „Ich weiß, dass bald der Todesengel kommen wird. Und wenn er sieht, wie schön du bist, dann wird er vielleicht seine Meinung ändern und dich mitnehmen – und nicht mich!"

Rabbinische Geschichte

Der „Salto liturgicus"

Sie war zur Anmeldung eines Sterbefalls gekommen. Wir hatten alle Formalitäten erledigt und sprachen dann noch eine Weile von dem Verstorbenen. Schließlich stand sie auf, um zu gehen. Da sie aber immer noch zögerte, erkannte ich, dass sie noch etwas auf dem Herzen hatte.

„Ist noch etwas?"

Zuerst druckste sie herum, aber dann kam sie doch heraus damit: „Also, bei der Beerdigung der alten Frau Reimser, da haben Sie am Schluss nach dem Segen so einen Sprung über das Grab gemacht. Ganz schön hat das ausgesehen, wie wenn ein Engel darüberfliegt. Wenn es Ihnen nichts ausmacht, könnten Sie das bei uns auch – oder?" – Und nun blickte sie ganz ernst: „Kostet das etwas extra?"

Ich verstand sie erst gar nicht richtig, bis mir einfiel, dass bei jener Beerdigung plötzlich am Schluss der weiche Erdboden am Grabrand unter mir nachgab, sodass ich mich vor einem Hineinschlittern nur mit einem kühnen Sprung auf die andere Seite retten konnte. Das also hatte sie gemeint.

Als ich ihr erklärte, wie es zu diesem Sprung kam, schien ihr die Deutung gar nicht so recht zu gefallen. Sie hätte es ganz gern gesehen: diesen Sprung mit weit wallendem Talar und ausgebreiteten Händen – einem Engel gleich.

Kollegen, denen ich später davon erzählte, sprachen nur noch von einem „Salto liturgicus".

Johannes Kuhn

Lachen ist gesund

Eine alte Lebensweisheit lautet: „Lachen ist die beste Medizin, die am wenigsten kostet und am sichersten hilft." Hier ein paar Kostproben:

Der kleine Christoph geht ins medizinische Fachgeschäft. „Ist das Hörgerät für meinen Opa fertig?", fragt er. – „Noch nicht, mein Junge", antwortet der Inhaber freundlich. „Braucht es dein Opa denn so dringend?" – „Das nicht", erwidert der Kleine, „aber meine Oma möchte ihm mal wieder so richtig den Marsch blasen!"

Ein altes Ehepaar rief im Fernsehgeschäft an und verlangte dringend einen Elektriker. Als er kam, empfing ihn die Frau fröhlich an der Tür und sagte: „Es ist alles wieder in Ordnung." – „Dann war's eine kleine Sache, was?" – „Ach, es war gar nichts mit dem Apparat. Wir hatten nur unsere Brillen vertauscht."

Der älteste Bürger der Stadt wird interviewt, 102 Jahre ist er alt. „So. Sie sind also der älteste Einwohner unserer Stadt?" – „Nein", flüstert der Alte, „meine Frau ist zwei Jahre älter. Aber das darf niemand wissen!"

„Regen Sie sich nicht auf", sagt der Arzt zur Patientin, „ich habe Sie genau untersucht. Mit Ihrem Leiden können Sie ohne Weiteres achtzig Jahre alt werden." – Die Patientin erschrickt und fällt in tiefe Ohnmacht. Der Arzt bringt sie wieder zu sich und meint: „Warum fallen Sie denn um, wenn ich Ihnen sage, dass Sie leicht achtzig Jahre alt werden können?" – „Wissen Sie, Herr Doktor", antwortet die Patientin, „ich bin doch schon siebenundachtzig!"

Der Pfarrer hat der kranken Großmutter die Krankenölung gespendet. Am anderen Tag trifft er ihren Enkel und fragt: „Na, Michael, wie geht's denn deiner Oma?" – Darauf der Junge: „Danke, Herr Pfarrer, seit dem Ölwechsel geht's ihr wieder besser!"

Für alle(s) offen

Als die alternde Schriftstellerin Marie-Luise Kaschnitz (1901–1975) nach ihrem Lebensstil gefragt wurde, sagte sie: Nein, sie züchte keine Kakteen. Sie sammle keine Briefmarken. Sie pflege keine Zimmerlinde. Sie wisse auch nicht genau, warum sie überhaupt noch schreibe. Sie hätte auch keine runde Antwort auf die Frage nach dem Sinn des Lebens. Wenn sie dazu irgendwie etwas sagen könne, dann sei es nur dies: „Immer noch offen!"

Immer noch offen – das ist eine gute Antwort auf die gestellte Frage. Wer im Alter offen ist – für Abendsonne und Abendwind, für den späten Besuch eines kleinen Marienkäfers, für Begegnung und Gespräch, für Verständnis und Vertrauen, für alles Wahre, Schöne und Gute – und sich frühzeitig darum bemüht, in diese Haltung hineinzuwachsen, der macht das Alter nicht nur erträglich, sondern auch ergiebig, lebenswert und erlebenswert.

Welcher Monat ist der beste?

Es lebte einmal eine alte Frau, die war so arm, dass sie sich nicht einmal im strengsten Winter Holz oder Kohlen kaufen konnte. An einem besonders kalten Tag im Januar ging sie hinauf in den Bergwald, füllte einen alten Sack mit trockenem Laub und machte sich mit ihrer Last wieder auf den Heimweg. Sie war müde geworden und wollte ein wenig ausruhen.

In der Nähe kannte sie eine warme trockene Höhle, und sie schlüpfte hinein. Zu ihrem Erstaunen saßen aber zwölf schöne Jünglinge darin und schauten ihr entgegen. „Guten Tag, Kinder!", grüßte die Alte.

„Grüß Gott, Mütterchen", erwiderten die zwölf Burschen. „Es ist kalt heute, nicht wahr?"

„So arg finde ich es gar nicht", antwortete die Alte. „Es ist halt Winter. Da muss es schließlich kalt sein."

Die Jünglinge schauten einander an und nickten. „Vielleicht hast du die Kälte lieber als die Hitze?", meinte einer von ihnen.

„Mir sind alle Jahreszeiten gleich lieb", erwiderte die Alte. Jetzt lächelten die zwölf. „So findest du keinen einzigen Monat schlecht, Mütterchen?", fragten sie.

„Nein, nein, liebe Kinder", versicherte die Alte. „Ich finde jeden Monat schön in seiner Art." Und sie lobte alle Monate, und die zwölf jungen Männer freuten sich darüber.

Nach einer Weile stand sie auf und sagte: „Jetzt bin ich ausgeruht und kann heimgehen." Die zwölf Burschen hoben den Sack mit Laub auf, schüttelten ihn ein wenig, stopften noch ein paar Hände voll Moos aus der Höhle hinein und banden ihn fest zu. Dann trugen sie ihn bis zum Eingang der Höhle und legten ihn der Alten auf die Schulter. Sie bedankte sich bei ihnen und sagte: „Lasst es euch gut gehen miteinander!", und „Behüte dich Gott!", riefen die jungen Männer ihr nach.

Als sie dann zu Hause in ihrer Hütte den Sack aufknüpfte, was sah sie da? Lauter Goldstücke! Von da an konnte sie glücklich und sorglos leben.

Im Häuschen nebenan wohnte ebenfalls eine arme Frau. Die plagte ihre Nachbarin so lange mit Fragen, bis sie wusste, woher das viele Geld stammte. Dann ließ sie sich den Weg zur Höhle genau beschreiben, nahm einen großen Sack, füllte ihn mit Laub und ging zu der Höhle.

Richtig saßen die zwölf Jünglinge drinnen. Gleich fing die Frau zu jammern an: „Ach, ist das eine Kälte! Auf die Wintermonate könnte ich gut verzichten."

Unwillig schüttelten die zwölf ihre Köpfe. „Wie findest du denn die anderen Monate?", fragten sie.

„Die sind auch nicht viel besser", beklagte sich die Frau. „Der März macht alle krank, der April ist voller Launen, vom Mai mit seinem Blütenduft bekommt man Kopfweh, der Juni hat viel zu kurze Nächte, Juli und August sind mir zu heiß. Im September wird's dann schon wieder kalt, der Oktober ist zu windig, und der November und Dezember können einen schwermütig machen mit ihrer Dunkelheit. Wirklich, ich finde, dass kein Monat etwas taugt!"

Die zwölf Jünglinge erwiderten nichts, schweigend hoben sie den Sack auf und gaben ihn der unzufriedenen Frau. Und sie lief geschwind damit nach Hause. Aber als sie die Schnur löste, was fand sie? Nun, altes dürres Laub!

Was habt ihr denn gedacht? Sollten die zwölf Monate die Frau vielleicht noch dafür belohnen, dass sie eine so schlechte Meinung von ihnen hatte?!

Märchen aus Griechenland

Meine Bahnhofsbekanntschaft

„Und lass dich nicht von fremden Männern ansprechen", pflegte meine Mutter zu sagen, wenn ich als junges Mädchen allein mit dem Zug verreiste. „Man kann nie wissen, an wen man da gerät!"

Ich versprach es ihr geduldig stets von Neuem, obwohl ich insgeheim darüber lächelte.

Inzwischen bin ich schon in dem Alter, wo ich anfange, die einst belächelten Ratschläge meiner Mutter an die eigenen Töchter weiterzugeben. Jedenfalls finde ich es gar nicht mehr so abwegig, sie zuweilen vor fremden Männern zu warnen. Mit Bahnhöfen haben wir allerdings nur noch sehr selten zu tun. Wir fahren – wie die meisten Familien heutzutage – mit dem Auto. Den Bahnhof in unserem Städtchen haben die Kinder eigentlich zum ersten Mal gesehen, als unser Auto unvorhergesehen lang in der Werkstatt war und wir am Nachmittag die Großeltern in Nierstein besuchen wollten. Nun war guter Rat teuer.

„Wir könnten doch mit dem Zug fahren", schlug die Älteste vor. Sofort stimmten die beiden anderen ein, und alle drei schrien: „O ja! Fahren wir mit dem Zug, bitte, bitte, Mama!"

Wir gingen also zum Bahnhof und betraten die Bahnhofsvorhalle, um den Fahrplan zu studieren. Ein Personenzug in Richtung Mainz war angezeigt, allerdings mit der klein gedruckten Ein-

schränkung: *Hält nicht an allen Stationen.* Die
Kinder, denen die Bedeutungsschwere von klein
gedruckten Anmerkungen auf amtlichen Fahrplä-
nen nicht klar war, waren schon auf den Bahnsteig
hinausgestürmt und hüpften ausgelassen herum,
was – wie man weiß – beim Bahnhofspersonal gar
nicht gern gesehen wird. Ich verschob also vorerst
meine Entscheidung und beeilte mich, meiner Auf-
sichtspflicht nachzukommen.

Wir belegten eine Bank auf der Rückseite des
Bahnhofsgebäudes, von wo aus wir alle Gleise
übersehen konnten, ohne irgendjemandem im Weg
zu stehen. Wir hatten Glück: Die Bundesbahn
zeigte, was sie zu bieten hat. Ein Schnellzug don-
nerte vorüber, und sein Luftzug zerfetzte den Re-
defluss, der aus den nimmermüden Plappermäul-
chen zu meiner Linken quoll. Vergebens versuchten
wir, die Aufschriften auf den Wagen zu entziffern;
der Zug riss die Buchstaben mit sich fort. Auf den
weiter entfernt liegenden Gleisen wurde unter
Schreien und Pfeifen rangiert. Eine Lokomotive
fuhr rückwärts auf eine Wagenreihe, und der An-
prall ließ die Wagen wieder auseinanderspringen.
Die Kinder warteten gespannt auf den Ausgang des
geräuschvollen Manövers, bis ein endlos langer
Güterzug uns die Sicht versperrte. Er schien überhaupt nicht mehr aufhören zu wollen. Bei 50 gaben's
die Kinder auf, die Wagen zu zählen, und staunten
nur noch darüber, dass ein Zug so lang sein konnte.

Als endlich der letzte Wagen in der Kurve verschwunden war, knackte über uns der Lautsprecher und nach kurzem Räuspern verkündete eine Männerstimme: „Vorsicht an Gleis 1. Der Personenzug aus Worms hat Einfahrt. Bitte von der Bahnsteigkante zurücktreten!"

Endlich ein Zug, der anhielt! Im Nu war der Bahnsteig voller Leute. Die Kinder hatten mehr als genug zu schauen. Mitten in dem Trubel stand ein alter Mann und starrte den Zug an. Als sich die meisten Leute schon verlaufen hatten und der Zug sich langsam wieder in Bewegung setzte, stand er noch immer da. Wahrscheinlich fiel er mir deshalb auf.

Plötzlich drehte er sich um und ging geradewegs auf uns zu. Er blieb vor mir stehen, zog den Hut, machte eine kleine altmodische Verbeugung und fragte aufgeregt: „Entschuldigung, wissen Sie, woher dieser Zug kam?"

„Aus Worms", gab ich ihm Auskunft.

„Aber der hätte doch schon 16.09 Uhr kommen sollen, und jetzt ist es mehr als zehn Minuten später", sagte der alte Mann heftig. Er zog seine Taschenuhr, die er tatsächlich noch an einer Kette über der Weste trug, und verglich sie mit der großen Bahnhofsuhr. „Sehen Sie, sehen Sie – 16.23 Uhr!" Er war so empört, dass ich ihn gerne besänftigen wollte.

„Vielleicht ist es der neue Fahrplan? Seit letzter Woche haben wir den Sommerfahrplan und …"

„Nein, nein", fiel er mir ins Wort. „Das weiß ich. Ich kenne den neuen Fahrplan. 16.09 Uhr im neuen Fahrplan! 14 Minuten Verspätung! Und man hat es nicht durch den Lautsprecher angesagt, nicht wahr? 14 Minuten! Man kann sich überhaupt nicht mehr verlassen."

„Wohin wollen Sie denn fahren?", fragte ich. Ich wollte ihm gerne behilflich sein.

Er schaute mich erstaunt an. „Ich? Fahren? Ich will nirgendwohin fahren. Wohin sollte ich denn fahren wollen?"

„Ja, aber", wandte ich schüchtern ein, „warum …?"

Er hörte mich gar nicht. Er redete einfach weiter. „In meinem Alter verreist man nicht mehr. Früher bin ich viel gereist, aber jetzt – ach nein. Ich werde 86 im Herbst, da ist man nicht mehr neugierig auf die Welt."

Auf einmal war er nicht mehr aufgeregt, sondern ein netter alter Herr, dem man seine 86 Jahre gar nicht ansah.

„Darf ich?", fragte er und deutete auf das freie Endchen Bank zu meiner Rechten. Wer hätte es ihm verwehren wollen? Die Kinder streckten neugierig die Köpfe vor, um an mir vorbei auf den Alten zu sehen. Er aber beachtete sie gar nicht.

„Wissen Sie", erklärte er, „ich war bei der Eisenbahn. Fünfzig Jahre hab ich Dienst gemacht, und
zwanzig davon war ich Bahnhofsvorsteher in
Wiesweiler."

Er machte eine Pause, hing seinen Gedanken
nach. Sicher dachte er an früher; alte Leute denken
meistens an früher.

„Vor fünf Jahren ist meine Frau gestorben", fuhr
er fort. „Da bin ich viel allein, wissen Sie. Am liebs-
ten bin ich am Bahnhof. Nicht nur, weil ich es von
früher her gewöhnt bin, sondern auch sonst. Man
trifft immer jemanden. So wie Sie jetzt. Und dann
redet man ein wenig miteinander – einfach nur so."
Er machte eine unbestimmte Handbewegung und
sah an mir vorbei. „Ich falle Ihnen doch nicht läs-
tig?"

Ich spürte, wie mich zu meiner Linken die Kinder mit Blicken durchbohrten. Die Kleinste, die
neben mir saß, zerrte mich ungeduldig am Ärmel.
Ich ärgerte mich, dass sie eifersüchtig waren auf
einen alten Mann, und sagte: „Aber nein, gar nicht.
Bestimmt nicht!"

Er nickte erleichtert. Ich fand ihn nett. Irgendwie erinnerte er mich an meinen Großvater.

„Mein Großvater war auch bei der Bahn", erzählte ich ihm. „Er war Lokomotivführer. Sein
halbes Leben lang fuhr er die Strecke Kaiserslau-
tern–Ludwigshafen. Er kannte jedes Haus, jeden
Baum an der Strecke – ja, fast möchte ich sagen:

jeden Schotterstein zwischen den Schienen. Er hat seine Lokomotive geliebt. Und es war sein Ehrgeiz, sie immer an akkurat derselben Stelle zum Halten zu bringen, auf den Zentimeter genau. Die Leute, die regelmäßig mit ihm fuhren, wussten genau, wo sie sich hinstellen mussten, damit sie bloß die Hand nach der Wagentür auszustrecken brauchten. Da musste niemand hinter dem Zug herrennen."

Der alte Mann hatte mehrmals zustimmend mit dem Kopf genickt. „Ja, das ist es, was ich meine. Damals waren die Züge noch pünktlich. Man konnte sich verlassen. Aber heute nimmt es keiner mehr genau!"

Die Unruhe zu meiner Linken nahm zu. Das zog und zerrte und knuffte mich. „Fahren wir jetzt mit dem Zug oder nicht?", zischelte die Große über die Köpfe ihrer Schwestern hinweg.

Das hatte ich beinahe vergessen! Aber nun hatte ich ja einen Fachmann neben mir sitzen, einen, der Bescheid wusste.

„Können Sie mir vielleicht sagen", fragte ich ihn, „ob der 16.58-Uhr-Zug Richtung Mainz in Nierstein hält?"

Es war ihm gar nicht recht, dass er es nicht wusste. „Aber warten Sie, warten Sie, das werden wir gleich wissen", rief er. Jetzt war er ganz in seinem Element. Er führte uns zum Informationsbüro, wo er uns höflich die Türe aufhielt. Drinnen überholte er uns wieder, zog den Hut und fragte den Beamten um Auskunft. Der lächelte; er schien ihn zu kennen. Bereitwillig fuhr er mit dem Finger die Zahlenkolonnen auf dem Fahrplan entlang.

„Nein", sagte er dann, „der 16.58er hält nur in Worms und Oppenheim."

Die Kinder machten ihrer Enttäuschung hörbar Luft. Zum ersten Mal schien der alte Mann sie zu bemerken.

„Fahrt ihr gerne mit der Eisenbahn?"

„Alle Kinder fahren gerne Eisenbahn", lächelte er. Dann zog er wieder umständlich seine Taschenuhr. „Sie können mit dem Bus fahren", schlug er vor. „Jetzt müsste gleich einer gehen."

Der Bus stand schon da. Der alte Mann brachte uns quer über den Bahnhofsvorplatz zur Haltestelle und wartete, bis ich die Fahrkarten gelöst hatte. Dann schüttelte er mir zum Abschied lange die Hand.

„Vielen Dank", sagte er. „Vielen Dank! Und gute Fahrt!"

„Kennst du den Mann?", fragten die Kinder leise, als wir glücklich auf unseren Plätzen saßen.

„Nein", sagte ich, „erst seit vorhin."

„Und uns sagst du immer, man darf nicht mit fremden Männern …", maulte die Große.

„Aber er ist ein Bahnhofsvorsteher", fiel ich ihr ins Wort.

Der Bus fuhr an und rollte langsam an dem alten Mann vorbei, der auf dem Gehsteig stand und uns zuwinkte.

„Ein richtiger Bahnhofsvorsteher?", fragten die Kinder.

„Ein richtiger!"

„Aber er hat doch gar keine Mütze auf", sagte die Kleinste.

„Trotzdem!"

Da drehten sie sich mit großen Augen nach ihm um und winkten ihm schüchtern zurück.

Jetzt begegne ich ihm zuweilen in der Stadt. Wir begrüßen uns freundlich wie alte Bekannte. Und wenn die Kinder nicht dabei sind, bleibe ich bei ihm stehen. Er erzählt mir von Wiesweiler, dem Dorf, wo er Bahnhofsvorsteher war, und ich erzähle ihm von meinem Großvater, dem Lokomotivführer. Wir wissen schon ganz gut Bescheid über uns. Aber er hat nie viel Zeit. Er zieht seine Taschenuhr und entschuldigt sich: Er muss zum Bahnhof und die Züge kontrollieren.

Renate Schupp

Mach langsam!

Er hätte ihr eben nicht schreiben sollen. Er wusste doch, dass sie immer zurückrief, wenn er geschrieben hatte. Das war jedes Jahr so: Am Abend ihres Geburtstages rief Tante Gertrudis an und bedankte sich für die schöne Karte. Und dann erzählte sie, bis ihm das linke Ohr glühte: vom Krieg, von der Kindheit in der Eifel, vom Einbruch in der Nachbarschaft. Und vom Tod ihres Mannes.

„Der Willy hat immer gesagt: Gertrud, mach langsam!"

Er konnte sie seufzen hören und erinnerte sich an Willys Beerdigung, wo er fast als Einziger „So nimm denn meine Hände" gesungen hatte. „Weißt du, es war in Steinfeld, es muss im Sommer gewesen sein, es gab nämlich Pflaumenkuchen …"

So beginnt eine ihrer Lieblingsgeschichten. Sie muss mehr als fünfundsiebzig Jahre her sein. Dann erzählt sie, ein Hund habe gebellt und welches Lied die Mädchen damals sangen, und dann singt sie dieses Lied mit der rührend gebrochenen Stimme einer mittlerweile dreiundachtzigjährigen Frau.

Und ihre Beine sind ja jetzt wieder so dick bei dem Wetter, voller Wasser.

Beim Plätzchenbacken ist sie an die offene Ofenklappe gestoßen, und an Willys Grab wäre sie beinahe gestürzt.

„Da hab ich dran gedacht, was der Willy immer gesagt hat: Gertrud, mach langsam!"

Im zerbombten Köln war es schon schlimm nach dem Krieg: „Bis wir im Kloster von Tante Josefine waren, da waren wir fast zwei Stunden unterwegs. Ich hatte ja damals schon so schwere Beine. – Was macht denn deine Familie? Alles in Ordnung? Schön. – Weißt du, wie Onkel Karl das Haus baute, '64 – oder war es erst '65 –, da sagte Willy ..."

Seine Mutter sei als Kind ein süßes Biest gewesen: Da hat sie doch glatt vom Pfefferminzlikör genascht und ihn anschließend mit Wasser aufgefüllt!

Er lacht, wie jedes Jahr. Seine Sprechanteile sind kurz, die Tante hat das Wort. Bloß keine Nachfragen oder Mitleidsbekundungen – sie würden neue Quellen öffnen, die unentwegt sprudelten. Sein Essen dürfte zwischenzeitlich kalt geworden sein, der Spielfilm ist verpasst, seine Blase drückt seit einiger Zeit. Warum nur schreibt er auch jedes Jahr? Vielleicht, weil die Tante sagt, was niemand sonst ihm sagen könnte: „Ach, du bist 'ne liebe Jung." Dann grinst er dankbar:

„Und denk dran, Tante: Mach langsam!"

Georg Schwikart

Zum Glück gibt's Enkelkinder

„Die edelsten und zärtlichsten Gefühle entwickeln alte Menschen ihren Enkelkindern gegenüber", sagt die französische Schriftstellerin Simone de Beauvoir (1908–1986). Großeltern sind aufgrund ihres Alters und ihrer Lebenserfahrung innerlich zur Ruhe gekommen und darum die idealen Partner für ihre Enkel: Sie haben Geduld, verfügen über Zeit, können zuhören und trösten, sind liebevolle Gesprächspartner.

Wie schön ist es, Kindern durch Zeit, Zuwendung und Geduld den Weg ins Leben zu bahnen! Es wird den Großeltern große Freude machen, wenn die Kinder sie als erwünschte Partner anerkennen und mit ihren Fragen, Problemen und Sorgen zu ihnen kommen. Und: Sie werden mit ihren Enkeln wieder jung! Denn Enkel schenken ihrem Leben Sinn und Lebensfreude.

„Eines meiner schönsten Weihnachtsfeste"

Einige Zeit vor Weihnachten überraschten mich die Kinder mit einer ungewöhnlichen Bitte. „Dieter", sagte meine Schwiegertochter Christine, „muss plötzlich über Weihnachten eine Vertretung in der Schweiz übernehmen. Ich würde ihn gern begleiten. Könntest du wohl die Kinder zu dir nehmen?"

Natürlich war ich zuerst enttäuscht. Wie sehr hatte ich mich auf das Weihnachtsfest bei meinen Kindern und Enkeln im Taunus gefreut! Endlich einmal ausspannen nach den hektischen und anstrengenden Tagen im Geschäft. Raus aus dem Großstadttrummel! Nichts zu tun haben als mit den Kleinen zu spielen und mit ihnen durch die verschneiten Wälder zu rodeln. Aber schließlich gab ich mir einen Ruck und sagte Ja.

Am nächsten Tag sah die Sache für mich schon anders aus, und ich fing an, mich darauf zu freuen. Ich lief durch die Stadt und machte Weihnachtseinkäufe. Eine richtige große Bescherung wollte ich meinen Enkeln bereiten, genau wie früher, als unsere Kinder noch klein waren.

Ich kaufte und kaufte und merkte gar nicht, dass meine Brieftasche immer dünner wurde. Einen Weihnachtsbaum hatte ich auch schon lange nicht mehr gehabt. Nun suchte ich eine große Edeltanne aus und ließ sie mir nach Hause bringen.

Jetzt geriet ich in eine richtige Weihnachtsstimmung. Ich backte Weihnachtsplätzchen – das hatte ich viele Jahre nicht mehr gemacht –, stieg in den Keller und holte die Kugeln und Strohsterne, fand auch noch eine Weihnachtspyramide.

Bekannten, die mich für die Festtage einladen wollten, sagte ich ab: „Ich kann nicht kommen, meine Enkel besuchen mich zum Weihnachtsfest!" Und ich sagte es so froh, wie es mir wirklich aus dem Herzen kam.

Als die Enkel kamen, war das Weihnachtszimmer fast fertig und gut verschlossen. Mit dem geschmückten Tannenbaum und den Spielsachen darunter sah es aus wie früher, als mein Sohn noch klein war. Es bleibt noch zu sagen, dass es für mich eines der schönsten Weihnachtsfeste meines Lebens wurde – allein mit meinen Enkeln. Ich fühlte mich um viele Jahre zurückversetzt und wieder jung wie in den ersten Jahren unserer Ehe.

Als die Kleinen schliefen, schlich ich noch einmal an ihre Betten, wie ich es früher bei meinen Kindern tat. Sie hatten rote Wangen und einen glücklichen Ausdruck in ihren kleinen Gesichtern. Gabi hielt ihre neue Puppe fest im Arm, und Stephan träumte gewiss von seinem neuen Fahrrad.

Selten ist es mir so wie an diesem Weihnachtsabend bewusst geworden, wie schön es ist, Großmutter zu sein …

Eine 60-jährige Großmutter

„Opa, ich hab dich lieb"

Nach dem Tod seiner Frau siedelte Opa Wagner zu Tochter und Schwiegersohn über. Die jungen Leute waren den ganzen Tag in ihrem Schuhwarengeschäft tätig. In der Küche regierte Hilde – ein junges Mädchen – als Hausgehilfin. Sie musste den Haushalt führen, den Garten versorgen und die dreijährige Tochter Katja beaufsichtigen. Das brachte viel Arbeit mit sich.

Der Opa bot seine Hilfe an. Sie wurde von der Hausgehilfin gerne angenommen. So durfte der Großvater Kartoffeln schälen, Gemüse aus dem Keller holen, den Rasen mähen und zuweilen Einkäufe besorgen.

Und dann war da noch das Kind. Katja behandelte den neuen Hausgenossen mit einer aus Misstrauen und Ängstlichkeit gemischten Erwartungshaltung. Aber als der Opa eines Tages Papier und Farbstifte kaufte und sagte: „Komm, Katja, wir wollen einmal malen", da wurde das Mädchen zusehends zutraulicher.

Opa Wagner verstand es, Pferde, Schafe und Hühner zu malen, Häuser, Autos, Bäume und viele andere Dinge mehr. Katja begann zu fragen: „Was macht das Pferd? Wie viele Eier legen die Hühner? Wohin fährt das Auto? Wer wohnt in dem Haus?" Der Opa musste seine ganze Fantasie her-

beiholen, um das neugierige Mädchen zufrieden-
zustellen.

Eines Abends hatte die Hausgehilfin eine Besor-
gung zu machen. In der Küche begann es zu dun-
keln. Da kam Katja, setzte sich dem Opa aufs Knie
und bat: „Opa, erzähl mir doch eine schöne Geschichte!"

Opa tat es. Als er fertig war, verharrte Katja in
atemlosem Schweigen. Dann sagte sie: „Das war
aber schön!" Und sie schlang ihre Arme um den
Hals des Alten und flüsterte ihm freudestrahlend
ins Ohr: „Opa, ich hab dich lieb!"

Dem Alten traten Tränen in die Augen. Schluch-
zend legte er seinen grauen Kopf an die Wange des
Mädchens. „Ich hab dich lieb" – dieses Wort er-
schütterte ihn. „Ich hab dich lieb" – war es denkbar
und möglich?

Viele Menschen waren ihm in einem langen Leben begegnet. Fünf Kinder hatte er mit Arbeit und
Fleiß großgezogen. Doch niemand hatte ihm je-
mals ein freundliches Wort gesagt. Nur ein Kind
mochte ihn noch. Nur ein Kind warf einen Licht-
strahl weihnachtlicher Freude in die dunkle Ein-
samkeit seines Alters – und das durch vier kurze,
aber köstliche Worte: „Ich hab dich lieb!"

Reinhard Abeln

„Oma, wie alt bist du?"

Simon geht in den Kindergarten. Er ist sechs Jahre alt.

„Und wie alt bist du?", fragt Simon seine Oma.

„Fünfundsiebzig", antwortet sie.

„Und der Opa?"

„Er ist zwei Jahre älter als ich!"

„Ihr seid aber sehr alt", sagt Simon.

Die Oma lacht.

„Einmal wirst du auch so alt sein wie Oma und Opa."

Simon versucht sich diese große Zahl vorzustellen. Er braucht seine Finger dazu. Und – seine Zehen. Doch das ist immer noch nicht genug. Er holt die Kieselsteine, die er am Seeufer gefunden hat, und legt sie in eine Reihe. Sie sind rund und glatt – wie Murmeln.

„Die Kieselsteine sind älter als Opa und Oma und du zusammen", sagt die Oma. „Sie sind Tausende von Jahren alt. Wir können das kaum begreifen."

Simon nimmt die Kieselsteine in die Hand. Sie fühlen sich gut an, wie neu. Der Junge ist zufrieden.

Unbekannter Verfasser

Der Reisekoffer

Als die Großmutter sich zum Geburtstag den kleinen Reisekoffer gewünscht hatte, hatten alle gelächelt oder verwundert den Kopf geschüttelt. Wozu brauchte die alte Dame denn einen Koffer? Sie pflegte niemals wegzufahren, denn sie war schon ein wenig gebrechlich und das Laufen fiel ihr schwer. Zumeist saß sie in ihrem bequemen Sessel am Fenster und blickte mit ihren hellen weitsichtigen Augen in die Landschaft hinaus, ihren Erinnerungen nachhängend oder den Kindern zuschauend, die auf der Straße spielten.

In früheren Jahren, als sie noch jünger gewesen war, hatte sie das Reisen sehr geliebt. Sie war fast in allen Ländern Europas gewesen, und eine Zeit lang hatte sie sogar in einem kleinen Fischerdorf an der dalmatinischen Küste gewohnt und ein wenig zu malen versucht. Aber dies alles war so endgültig vorbei, dass man nicht einmal mehr darüber sprach.

Da sie nun aber mit einem an ihr ungewohnten Eigensinn auf dem seltsamen Wunsche beharrte, kauften die Kinder und Enkel ihr einen besonders schönen Koffer aus schwarzem Lackleder mit zwölf goldfarbenen Schließen, ein Prunkstück, viel zu schade, um in irgendeiner Ecke zu verstauben.

Sie sprachen nachher nicht mehr darüber, weil ihr Taktgefühl es ihnen verbot, sich über die Marotte einer alten Frau lustig zu machen. Sie sahen

den Koffer einige Male daliegen, als sie die Großmutter besuchten, aber sie blickten höflich über ihn
hinweg.

Eines Tages aber geschah es, dass der Urenkel
Andreas, ein munterer Bub von acht Jahren, mit
seiner Mutter bei der Großmutter war und den
Koffer halb offen auf der Kommode entdeckte.

„Was für ein schöner Koffer!", rief der Junge.
„Willst du verreisen, Großchen?"

Die alte Frau lächelte auf ihre versonnene, hin-
tergründige Art. „Jawohl, mein Kind, ich will verreisen, wenn auch nicht im üblichen Sinne. Ich
fahre nach Florenz."

Der Junge sperrte Mund und Augen auf.

„Nach Florenz? Aber ist das denn nicht zu weit
für dich?"

„Es ist sehr weit, aber auch wieder ganz nahe.
Ich brauche gar nicht aus dem Hause zu gehen, um
hinzugelangen. Ich muss nur einen Augenblick die
Augen zumachen, ein wenig nachdenken, und
schon bin ich dort. In der Erinnerung, weißt du."

„Hmm. Aber wozu brauchst du dabei den Koffer, Großchen?"

„Schau doch mal hinein!"

Der Junge klappte den Deckel ganz auf und begann vorsichtig, die darin befindlichen Dinge zu
betasten. „Ein Stadtplan von Florenz."

„Siehst du. Den brauche ich, um mich gleich
wieder zurechtzufinden." Sie fuhr mit dem Finger

die Linien auf der Karte entlang. „Das da – das ist der Palazzo Vecchio, und von da gehe ich über den Ponte Vecchio, die alte malerische Brücke, zum Palazzo Pitti, wo die vielen berühmten Bilder an der Wand hängen, einige kannst du hier sehen." Sie holte ein paar bunte Kunstkarten aus dem Koffer.

Der Junge hielt einen wollenen Schal in der Hand. „Und den Schal hier? Wozu brauchst du den?"

„Ganz früh am Morgen, wenn die Sonne aufgeht, gehe ich hinauf zum Piazzale Michelangelo. Das ist ein kleiner Platz auf einem Hügel, von dem aus man die herrliche Stadt mit ihren Türmen und Brücken liegen sieht. Und weil es am Morgen noch kühl ist, brauche ich den Schal, damit ich mich nicht erkälte."

„Und diese Geldbörse?"

„Es ist florentinische Handarbeit. Ich habe sie an einem der Stände unter den Uffizien gekauft. Schau ruhig mal hinein!"

Der Junge öffnete die Börse, und einige italienische Münzen fielen ihm entgegen.

„Toll, Großchen. Aber wirst du mir auch etwas mitbringen?" Etwas wie Schelmerei blitzte in seinen Augen auf.

„Natürlich, Junge. Habe ich dich schon einmal vergessen?" Sie griff in den Koffer und holte eine Tüte mit talerförmigem Rosinen- und Mandelgebäck heraus. „Es sind Florentiner", sagte sie. „Die da sind natürlich von unserem Bäcker, aber in Flo-

renz bekommt man sie in jeder Pasticceria. Du
kannst sie gleich behalten."

Der Junge brach ein Stückchen ab und kaute
ganz behaglich daran.

„Du bist eine Lebenskünstlerin, Großmutter",
sagte plötzlich seine Mutter, die bisher geschwiegen
hatte.

„Na ja, wie man's nimmt. Jeder reist auf seine
Weise."

„Und wohin fährst du das nächste Mal, Großchen?", fragte der Urenkel.

„Das steht noch nicht fest. Vielleicht in den
Schwarzwald. Da ist es im Sommer am schönsten.
Nicht zu heiß und viel Wald und Schatten."

Am Abend des gleichen Tages klopfte es an der
Tür der alten Frau. Draußen stand der Urenkel Andreas und hielt zwei rotbackige Äpfel in der Hand.

„Ich habe sie dir als Reiseproviant mitgebracht.
Großchen", sagte er und legte sie zuoberst auf den
Koffer.

„Vielen Dank, mein Junge", sagte die alte Frau
lächelnd. „Ich werde sie essen, wenn mich das
Heimweh überkommt. Dann denke ich an dich,
und alles ist wieder gut."

Sie schloss behutsam den Koffer und dachte: Es
ist merkwürdig. Aber ich bin noch immer eine
glückliche Frau.

Margarete Kubelka

Das Bild der tausend Wünsche

Die Großmutter saß vornüber gebeugt in ihrem Sessel und betrachtete ganz versunken einen großen Bogen braunes Packpapier, den sie vor sich auf dem Teppich ausgebreitet hatte.

„Was ist das?", fragten die Kinder und umstanden neugierig das zerknitterte Papier. Es war über und über mit kleinen ungelenken Buntstiftzeichnungen bedeckt.

„Wer hat das denn gemalt? Und auf solchem Papier?" Die Kinder fanden das packpapierne Kunstwerk komisch.

„*Ich* habe das gemalt", sagte die Großmutter, „und es gab eben kein besseres Papier! Es war in der ganz schlechten Zeit nach dem Krieg."

„War das damals, als ihr in Benningen wohntet?", fragte der große Junge, der schon manche Geschichten von damals gehört hatte.

„Benningen, ja. Aber von Wohnen konnte keine Rede sein. Wochenlang wurden wir herumgeschubst, von einem Notquartier ins andere. Niemand wollte uns Flüchtlinge haben – und gar noch jemandem mit drei Kindern. Unsere Mutter lief sich ihre letzten Schuhsohlen ab nach einer Wohnung oder wenigstens einem Zimmer für uns vier.

Kurz vor Weihnachten bekamen wir unverhofft eine Stube in einer alten Soldatenbaracke zugewiesen – eine eigene Stube, die wir mit niemandem teilen mussten. Das war wunderbar! Jetzt hatten wir sogar wieder einen eigenen Herd, auf dem unsere Mutter für uns kochen konnte. Vorausgesetzt natürlich, wir trieben irgendetwas Kochbares auf und etwas, womit man ein Feuer machen konnte.

Schon am ersten Tag regnete es durchs Dach. Irgendjemand nagelte Teerpappe auf die undichten Stellen, doch beim nächsten Regen tropfte es dafür an einer anderen Stelle durch. Unsere Mutter stellte Büchsen auf, damit es keine Überschwemmung auf dem Fußboden gab.

Einmal mussten wir nachts aufstehen und die Betten verschieben, damit die Decken nicht nass wurden. Und ein andermal, als meine Brüder und ich mittags aus der Schule kamen, stand unsere Mutter mit dem Regenschirm am Herd und kochte. Sie hielt den Schirm in der einen Hand und mit der anderen rührte sie im Kochtopf."

Die Kinder mussten lachen. „Urgroßmutter kochte mit dem Regenschirm?"

Die Großmutter nickte. „Und wenn sie noch lebte, könnte sie euch noch ganz andere Geschichten erzählen." Sie schwieg einen Augenblick.

„Ein paar Tage vor Weihnachten", erzählte sie dann weiter, „begann es zu schneien, und es wurde bitterkalt. Es zog erbärmlich durch alle Ritzen, und wir mussten in der Stube unsere Mäntel anbehalten, wenn wir nicht gar zu jämmerlich frieren wollten. Morgens war das Fenster so dick zugefroren, dass wir Löcher in die Eisschicht hauchen mussten, um hinauszusehen. Und unsere Kleider waren so kalt, das wir sie ins Bett holten und zuerst eine Weile unter der Decke vorwärmten, bevor wir sie anzogen.

Dann kam der Heilige Abend. Da hielt unsere Mutter es nicht mehr länger aus. Am Morgen nahm sie unseren Kohlensack, und wir zogen los, um Kohlen zu besorgen. Hinter den Baracken standen amerikanische Kasernen, und dort gab es einen Schuppen, der bis obenhin voll Kohlen war. Leider stand Tag und Nacht ein Posten davor. Aber jetzt war uns schon alles egal. Wir warteten, bis der Posten einmal wegschaute, schlüpften schnell hinein und schaufelten unseren Sack voll."

„Was?", rief der große Junge. „Ihr habt Kohlen geklaut am Heiligen Abend?"

„Ja!", sagte die Großmutter. „Und wir hatten noch nicht einmal ein schlechtes Gewissen dabei – nur Angst, es könnte uns irgendjemand unsere kostbare Beute wieder abnehmen. Und am Nachmittag rückte tatsächlich amerikanische Militärpolizei an und durchsuchte unsere Baracke."

„Oh!", stöhnten die Kinder und rissen die Augen auf vor Aufregung.

„Niemand wusste, was sie eigentlich suchten. Aber wir dachten natürlich sofort an die Kohlen. Der Schreck fuhr uns in alle Knochen. Wo sollten wir sie verstecken in unserer kahlen Stube? Da nahm unsere Mutter kurzentschlossen den Sack, warf ihn ins Bett und legte sich gleich dazu."

„Was? Urgroßmutter legte sich mit dem Kohlensack ins Bett?"

„Ja! Sie zog die Decke bis ans Kinn, und vor lauter Angst sah sie tatsächlich sterbenskrank aus, sodass der Amerikaner, der gleich darauf hereinkam, mit einer Entschuldigung die Tür wieder zumachte, ohne sich weiter umzusehen."

„Oh, Mann!", riefen die Kinder erleichtert. „War sie nicht ganz schwarz?"

„Wahrscheinleich, aber damals machten wir uns gerne schmutzig für ein paar Kohlen. Als es draußen wieder ruhig war, schürte unsere Mutter das Feuer im Herd, dass die Flammen nur so tanzten. Und wir Kinder standen andächtig dabei, hielten die Hände über die Herdplatte und spürten wohlig, wie uns das Feuer langsam erwärmte. Wir holten unsere Stühle und setzten uns um den Herd, und die Mutter erzählte uns Geschichten von früher, als sie selbst noch klein gewesen war. Und dann sagte mein größerer Bruder die Weihnachtsgeschichte auf, die er für die Schule hatte lernen müssen. Und wir sangen alle Weihnachtslieder, die wir auswendig konnten. Als es anfing zu dämmern, schickte Mutter uns hinaus auf den Gang. Wir hörten, wie sie drinnen herumwirtschaftete, und waren furchtbar neugierig. Nach einer Weile durften wir wieder hereinkommen. Da stand auf dem Tisch ein ganz richtiges kleines Weihnachtsbäumchen. Unsere Mutter hatte es mit allerlei selbst gebasteltem Schmuck behängt, und an den Zweigen steckten rote Kerzen. Ich merkte erst später, dass nur drei davon wirklich brannten, die anderen bestanden aus zusammengerolltem roten Papier, dem Mutter oben kleine Wattespitzen aufgesteckt hatte. Es sah ziemlich echt aus."

„Bekamt ihre keine Geschenke?"

„Doch! Und das war eine ganz große Überraschung für uns, denn wir wussten ja, dass unsere Mutter kein Geld hatte, um etwas zu kaufen. Sie musste es sich irgendwo erbettelt haben: einen Märklin-Baukasten für die Jungen und ein Mäppchen mit Buntstiften für mich. Im Baukasten fehlten zwar ein paar Schrauben und meine Buntstifte waren verschieden lang, aber mich störte das kein bisschen. Ich freute mich wie ein König."

„Wirklich?", zweifelten die Kinder. „Aber Buntstifte sind doch nichts Besonderes."

„Vielleicht – wenn man es gewöhnt ist, welche zu haben!"

„Und sonst hast du nichts bekommen?"

„Nein!"

„O je, das war ein trauriges Weihnachten für dich."

„Nein, gar nicht! Wir waren alle sehr froh: Wir hatten eine warme Stube – das war allein schon eine Weihnachtsfreude wert. Und zum Abendessen teilte uns Mutter das Brot einmal nicht zu, sondern wir durften essen, soviel wir wollten. Wenn ich's recht bedenke, so war das eigentlich alles, was zu Weihnachten gehört: Der Krieg war zu Ende, es war Friede auf Erden. Und unsere Mutter war da, die uns beschützte und bei der wir uns geborgen fühlten, wie sehr auch die ganze Welt durcheinandergeraten war. Und ich hatte meine Buntstifte. Ich glaube, ich habe mich darüber mehr gefreut als über manches teure Geschenk, das ich später bekam."

„Jetzt wirst du gleich sagen, dass Weihnachten damals eigentlich viel schöner war als heute, weil die Kinder sich noch an kleinen Dingen sooo sehr freuen konnten und nicht so maßlose Wünsche hatten wie heutzutage!", rief der große Junge und versuchte, die Stimme der Großmutter nachzuahmen.

Die Großmutter lächelte. „Nein, nein! Jede Zeit hat ihre Wünsche. Meint ihr, wir hatten keine? Ach du meine Güte! Und maßlos waren sie auch. Seht euch nur mein Bild an: Ich habe es an jenem Abend mit meinen Buntstiften gemalt. Die Mutter musste mir das größte Blatt geben, das sie hatte. Darauf malte ich alle meine Wünsche. Den ganzen Abend malte ich, und am Ende war der große Bogen doch noch zu klein. Die Mutter schaute mir zu und nannte mein Gemälde ‚das Bild der tausend Wünsche'!"

Die Kinder schauten auf das Bild nieder, und auf einmal verstanden sie den Sinn der in dem Durcheinander steckte: In der Mitte stand ein Hau mit einem Garten und einem Zaun ringsum. Der dicke Rauch, der aus dem Schornstein quoll, sollte wohl zeigen, dass hier niemand frieren musste. Und Hunger brauchte auch keiner zu leiden, denn übers ganze Papier verteilt gab es Würste und Brezeln und Äpfel und Kuchen. Da gab es Sachen zum Anziehen und Puppen, einen Puppenwagen und ein Fahrrad, Schlittschuhe und einen Schlitten und einen Schulranzen – und viele Dinge, von denen die Großmutter heute selbst nicht mehr sagen konnte, was sie darstellten sollten. Am Rand, so als träte er gerade in das Bild hinein, stand ein Mann in einer Uniform und mit einer komischen Brille.

„Das sollte wohl euer Papa sein?", rieten die Kinder.

„Ja. Wir hatten seit seinem letzten Urlaub nichts mehr von ihm gehört. Jeden Tag erhofften wir uns ein Lebenszeichen von ihm. Wir waren überzeugt, dass alles wieder gut würde, wenn er wieder da wäre. Dass unser Vater wieder zurückkäme, das war eigentlich unser gemeinsamer Hauptwunsch."

Die Großmutter beugte sich hinunter, hob das Bild auf und faltete es bedächtig wieder zusammen. „Unsere Mutter hat es durch all die Jahre hindurch aufgehoben. Und jedes Jahr an Weihnachten schauten wir nach, wie viele Wünsche inzwischen wahr geworden waren. Sie sind alle in Erfüllung gegangen – manche erst nach vielen Jahren, aber manche auch schon bald. Wir hatten Glück, trotz allem."

„Und warum hebst du das Bild jetzt noch auf?", fragte der große Junge.

„Damit ich mich erinnere", sagte die Großmutter und stand auf. „Immer wieder. Man wird so leicht vergesslich, wenn es einem gut geht."

Renate Schupp

Hoffnung trägt

Im „Brustton der Überzeugung" sagt der Volks-
mund: „Hoffnung verloren – alles verloren". Wer
will das bezweifeln? Wie soll man weiterleben,
wenn man nichts mehr zu hoffen hat, wenn nichts
mehr zu machen ist?

Auch im Alter hoffen wir an jedem Tag. Am
Morgen hoffen wir auf einen guten Abend und am
Abend hoffen wir schon wieder auf einen guten
Morgen. Im Winter hoffen wir auf den Frühling
und im Sommer auf den Herbst. Wir hoffen auf
gutes Wetter, auf einen längst fälligen Brief, auf
einen Besuch der Nachbarin …

Der Mensch kann nur leben, wenn er auf etwas
zulebt, wenn er hoffen kann. „Wir können wohl
das Glück entbehren, aber nicht die Hoffnung",
sagt Theodor Storm (1817–1888), der norddeutsche
Lyriker und Novellist.

Die Geschichte vom Schwibbogen

Oma Lore hat auf dem Fensterbrett einen Schwibbogen – einen Bogen aus schwarzem Metall, auf den Kerzen aufgesteckt sind.

„Sieben", zählt Jessica. Eine ist oben an der höchsten Stelle, drei stehen links davon und drei rechts. Sie sind schon fast heruntergebrannt.

Oma Lore rückt zwei Sessel zurecht. Dann holt sie die Streichholzschachtel.

„Ich habe jeder Kerze einen Namen gegeben", erklärt sie und zeigt auf die unterste Kerze links. „Die nenne ich *Gesundheit*. Die zweite heißt *Zufriedenheit*. Die dritte *Freundschaft*. Die oberste ist für den *Frieden*. Rechts geht es weiter mit *Dankbarkeit, Hoffnung* und *Freude*."

Jessica darf die Kerzen anzünden.

Die Oma macht das elektrische Licht aus, und sie setzen sich in die Sessel und schauen zu, wie die Gesundheit, die Zufriedenheit, die Freundschaft, der Friede, die Dankbarkeit, die Hoffnung und die Freude leuchten.

Draußen ist es ganz dunkel geworden. Der Schwibbogen spiegelt sich in der schwarzen Fensterscheibe. Jessica kneift die Augen zusammen. Die Flammen fangen an zu flimmern. Eine Weile lässt Jessica die Lichter in der Scheibe tanzen und flackern. Dann wirft sie einen verstohlenen Blick auf Oma Lore. Die sitzt ganz versunken da.

„Was denkst du jetzt, Oma?", fragt Jessica leise.

„Gerade eben habe ich die *Freundschafts*-Kerze angeschaut und gedacht, wie schön es ist, Freundinnen zu haben", sagt Oma Lore. Dann versinkt sie wieder in Schweigen.

Jessica schaut auch auf die Kerze, die *Freundschaft* heißt. Sie denkt an die Kinder in der Klasse und von der Straße und zählt ihre Freunde zusammen, Jungen und Mädchen: Philipp, Laura, Franziska, Felix, Sabri, Lena, Nico ... Nico hat übermorgen Geburtstag. Jessica überlegt, was sie ihm schenken soll. Sie muss noch heute Abend mit Mama darüber sprechen ...

Nach und nach geht eine Kerze nach der anderen aus. Zuletzt brennt nur noch eine einzige – die *Hoffnungs*-Kerze.

Oma Lore rührt sich in ihrem Sessel und sagt: „Siehst du, Jessica, wie im richtigen Leben: Die Hoffnung bleibt bis zuletzt."

Sie warten, bis auch noch die Hoffnung verlöscht. Dann steht Oma Lore auf und macht das elektrische Licht wieder an.

Renate Schupp

Der weise Alte

Vor langer Zeit lebte in Nordchina ein alter Mann. Sein Haus zeigte nach Süden, und vor seiner Haustür ragten die beiden großen Gipfel des Taihung und des Wangwu empor. Sie versperrten den Weg nach Süden. Entschlossen machte sich der Alte mit seinen Söhnen an die Arbeit. Sie wollten die Berge mit der Hacke abtragen.

Der Nachbar des alten Mannes sah das und schüttelte den Kopf. „Wie närrisch ihr doch seid", rief er, „es ist vollkommen unmöglich, dass ihr die gewaltigen Berge abtragen könnt!"

Der alte Mann lächelte weise. Dann sagte er: „Wenn ich sterbe, dann werden meine Söhne weitermachen. Wenn meine Söhne sterben, werden die Enkel weitermachen. Die Berge sind zwar hoch, aber sie wachsen nicht weiter. Unsere Kräfte jedoch können wachsen. Mit jedem Stückchen Erde, das wir abtragen, kommen wir unserem Ziel näher. Es ist besser, etwas zu tun, als darüber zu klagen, dass uns die Berge die Sicht auf die Sonne nehmen."

Und in unerschütterlicher Überzeugung grub der Alte weiter. Das rührte Gott. Er schickte zwei seiner Boten auf die Erde, die beide Berge auf dem Rücken davontrugen.

Aus China

Brot der Hoffnung

Ein Professor der Medizin stirbt, und seine drei Söhne lösen seinen Haushalt auf. Die Mutter war schon lange vorher gestorben, und der Vater hatte mit einer langjährigen Haushälterin allein gelebt. Im Arbeitszimmer des Vaters fanden die Söhne neben vielen wertvollen Dingen in einem Schrank ein steinhartes, vertrocknetes, halbes Brot. Die Haushälterin wusste, was es damit auf sich hatte.

In den ersten Jahren nach dem Krieg war der Professor todkrank. Da schickte ihm ein guter Freund ein halbes Brot, damit der Professor etwas zu essen hatte. Der aber dachte an die viel jüngere Tochter eines Nachbarn und ließ dem Mädchen das Brot schicken.

Die Nachbarfamilie aber mochte das wertvolle Brot nicht für sich behalten und gab es weiter an eine arme alte Witwe, die oben im Haus in einer kleinen Dachkammer hauste.

Die alte Frau aber brachte das Brot ihrer Tochter, die mit zwei kleinen Kindern ein paar Häuser weiter wohnte und nichts zu essen hatte für die Kinder.

Die Mutter dachte, als sie das Brot bekam, an den Medizinprofessor, der todkrank lag. Sie sagte sich, dass er ihrem Jungen das Leben gerettet und kein Geld dafür genommen hatte. Nun hatte sie eine gute Gelegenheit, es ihm zu danken, und ließ das Brot zum Professor bringen.

„Wir haben das Brot sofort wiedererkannt", sagte die Haushälterin, „unter dem Brot klebte immer noch das kleine Papierstückchen." Als der Professor sein Brot wieder in der Hand hielt, sagte er: „Solange noch Menschen unter uns leben, die so handeln, braucht uns um unsere Zukunft nicht bange zu sein. Dies Brot hat viele satt gemacht, obwohl keiner davon gegessen hat. Dies Brot ist heilig. Es gehört Gott!"

So legte er es in den Schrank. Er wollte es immer wieder ansehen, wenn er mal nicht weiterwusste und die Hoffnung verlor. Es war das Brot der Hoffnung.

Nacherzählt von Reinhard Abeln

Der alte Fischer

Ein Boot in der Lagune. Ein alter Fischer – er steht am Bug, das Wurfnetz in den Händen. Seit einer halben Stunde sehe ich ihm zu. Er versteht sein Handwerk.

Im vollendeten Kreis fällt das Netz ins Wasser. Er lässt es sinken. Wartet, bis der bleibeschwerte Rand den Boden berührt. Dann zieht er es hoch, behutsam, mit hoffenden Händen spürend, ob Leben im Netz ist oder ob der Wurf wieder einmal umsonst war.

Das Netz ist leer. Er schüttelt es aus, entfernt den Unrat, bereitet sich zum nächsten Wurf. Ich habe die Würfe gezählt. Dreiundzwanzigmal ist das Netz auf das Wasser geklatscht. Jedes Mal zog er es leer heraus.

Der alte Fischer weiß: Es gibt Tage, da muss man das Netz werfen wider besseres Wissen: zwanzigmal, fünfzigmal, hundertmal – weil es nötig ist, das Netz zu werfen – als Einübung in die Praxis der Hoffnung – weil nicht werfen aufgeben hieße – und aufgeben hieße, aufhören zu leben.

Überliefert

Wünsche für den morgigen Tag

In China trafen sich einmal drei alte Männer, ehemalige Mitschüler. Aus dem einen von ihnen war ein Statthalter des Kaisers geworden, aus dem anderen ein Gelehrter, aus dem dritten ein Gärtner. Als sie nun so beisammensaßen und sich über ihr Leben unterhielten, kamen sie auch auf die Wünsche zu sprechen, die sie noch an das Leben hatten, und sie stellten fest, dass sie immer nur Wünsche für den folgenden Tag hatten, da sie ja schon alt waren und jeder Tag ihnen wie ein Geschenk vorkam.

„Ich wünsche mir für den morgigen Tag", sagte der Statthalter, „eine Porzellanschale voll köstlichen Tees und ein stolzes Pferd zum Ausreiten. Mehr Wünsche habe ich nicht."

„Ich", sagte der Gelehrte, „wünsche mir für den morgigen Tag eine Schale süße Trinkschokolade und gute Augen, um ein schönes Buch zu lesen."

„Und ich", sagte der Gärtner, „ich wünsche mir für den morgigen Tag, dass die Sonne aufgeht, wie sie es immer getan hat, dass der Quell nicht versiegt, von dem ich morgens trinke, und dass die Vögel in den Bäumen singen, von deren Früchten ich mich nähre."

In der Nacht, die diesem Gespräch folgte, gab es ein großes Erdbeben in China. Als der Statthalter tags darauf seinen Tee trinken wollte, konnte er's

nicht, denn die porzellanene Schale dafür war zerbrochen; und als er mit dem Pferd ausreiten wollte,
konnte er's gleichfalls nicht, denn einstürzende
Mauern hatten sein Pferd erschlagen.

Dem Gelehrten erging es ähnlich wie dem Statthalter. Als er seine Schokolade trinken wollte, fehl-
te dafür die Schale; und als er in einem schönen
Buche lesen wollte, konnte er's nicht, denn seine
Bibliothek war eingestürzt, und alle seine Bücher
waren verbrannt.

Dem Gärtner aber ging es anders als dem Statthalter und dem Gelehrten. Als er erwachte, ging
die Sonne auf, wie er es sich gewünscht hatte. Als
er noch zum Quell ging, um daraus zu trinken,
sprudelte der immer noch. Und als er in den Garten
ging, der von dem Erdbeben verwüstet war, standen dort immer noch einige Bäume, die Früchte
trugen, und in den Bäumen sangen Vögel.

Seitdem sagt ein Sprichwort in China: „Wer sich
für den folgenden Tag am wenigsten wünscht, der
ist am glücklichsten dran."

Geschichte aus China

Mit Gott im Bunde

Ohne Gott – sagt Fjodor M. Dostojewski (1821–1881) – ist der Mensch allein. Der russische Romanschriftsteller und Gottsucher hat diesen Satz als Ergebnis seines Suchens und Ringens formuliert. Man kann nichts anderes tun, als ihm aus innerer Überzeugung heraus voll zuzustimmen.

Das Alter wird zum Geschenk, wenn Gott die Mitte im menschlichen Leben ist. Alles, was nicht in der Mitte aufgehängt ist, hängt schief. Mit Gott in der Mitte bekommt das Leben seinen Sinn, denn „alles vermag ich durch ihn, der mir Kraft gibt" (Phil 4,13).

Selbst wenn uns alle Menschen verlassen, Gott verlässt uns nicht. Bei ihm sind wir geborgen wie ein Vogel im Nest. Das sollte uns von Herzen froh machen.

Ins Herz gelangen

Der Schriftsteller Julien Green (1900–1998) fragte nach Gott und suchte ihn in allen großen und kleinen Ereignissen seines Lebens. Und er schrieb darüber auf vielen Tausend Seiten seiner Tagebücher, die er fast siebzig Jahre mit sich trug.

Kurz vor seinem Tod fragte ihn eine Zeitung nach seinem Glauben und den vielen Zweifeln, die er in seinem Tagebuch aufgeschrieben hatte: „Mr. Green", fragte die Zeitung, „wie ist das Ihrer Meinung nach mit dem Glauben an Gott und den Schmerzen in der Welt – wie passt das zusammen?"

„Ich kann nicht für die ganze Welt antworten", sagte Julien Green, „ich kann es Ihnen nur ganz persönlich sagen: Ja, Gott zerbrach auch mein Herz. Manchmal zerbricht Gott einem das Herz, um *in* das Herz zu gelangen."

Unbekannter Verfasser

Man muss glauben

Nach der Führung durch das Kloster sammelte sich die Gruppe im Hof. Daniel, der Betreuer, zählte nach, ob alle da waren – vier Jungen und fünf Mädchen. Er warf einen Blick auf seine Armbanduhr und sagte: „Jetzt gehen wir noch zu der heiligen Quelle."

Die Mädchen und Jungen kamen aus einer Gegend, in der die Flüsse breit und träge dahinflossen und bald ins Meer mündeten. Sie hatten noch nie eine Quelle gesehen – erst recht keine heilige.

Neugierig folgten sie Daniel. Auf einem schmalen Pfad führte er sie hinter dem Kloster steil abwärts durch den Wald. Ab und zu kam ihnen jemand entgegen mit einer Flasche oder einem Kanister in der Hand.

Nach etwa einer Viertelstunde gelangten sie zu einer Felsengrotte. Vor dem Eingang war ein Gitter angebracht. Drinnen sah man im Fels eine mit klarem Wasser gefüllte Kuhle. Das war die Quelle. Durch ein Rohr wurde das Quellwasser nach draußen geleitet, wo es in ein kleines gemauertes Becken floss. An Festtagen und im Hochsommer drängten sich hier die Besucher. Aber heute war es ruhig auf dem kleinen Platz vor der Felsengrotte. Die Tagesbesucher und die Touristen waren schon gegangen. Nur eine alte Frau saß versunken auf einer Bank in der Nähe des Beckens.

„Halt! Noch nicht!", rief Daniel und bremste ein
paar Vorwitzige, die gleich zum Becken hinstürz-
ten. „Ich möchte euch erst etwas erzählen."

Er wartete, bis alle sich um ihn versammelt hatten, und begann: „Eigentlich dürfte es an dieser
Stelle gar keine Quelle geben. Viele Fachleute haben sie untersucht und können sich ihre Entste-
hung nicht erklären. Die Erdschichten unter dem
Felsen laufen nämlich gerade an dieser Stelle schräg
nach oben, sodass das Wasser gewissermaßen berg-
auf fließen muss, um herauszuströmen. Aber wie
ihr seht: Die Quelle ist da. Unsere Vorfahren, die
sich nicht über den Verlauf von Erdschichten den
Kopf zerbrochen haben, wissen auch, wie sie ent-
standen ist: An einem heißen Sommertag fand die
heilige Odilie, die das Kloster oben auf dem Berg
gegründet hat, an dieser Stelle einen blinden Bettler, der vor Erschöpfung zusammengebrochen war.
Sie schlug mit ihrem Wanderstab an die Felswand,
und sogleich sprudelte eine Quelle hervor, an der
der Bettler sich erfrischen konnte. Er trank von
dem Wasser und wusch sich das Gesicht. Und als
das Wasser die Augen des Blinden benetzte, konnte er plötzlich sehen. Seitdem gilt die Quelle als
heilkräftig. Jahr für Jahr pilgern Tausende von
Menschen hierher, mit Augenleiden und anderen
Gebrechen, und vielen soll die wundertätige Quelle geholfen haben."

Daniel machte eine Pause. Aber bevor jemand etwas sagen konnte, fuhr er fort: „Ich kenne einen Mann, der hier als Junge auf wunderbare Weise geheilt worden ist. Er selbst hat mir die Geschichte erzählt. Der Mann hatte sehr schlechte Augen und musste von klein auf eine dicke Brille tragen. Er hatte eine seltene Augenkrankheit, gegen die die Medizin noch kein Mittel wusste. Als er groß genug war, um das zu begreifen, lebte er in ständiger Angst, er könne eines Tages völlig erblinden. Das hat seine ganze Kindheit unheilvoll überschattet. Als darum der Lehrer zum Abschluss der Schulzeit mit der Klasse hier oben im Kloster einen Einkehrtag halten wollte und dabei auch von der wundertätigen Quelle erzählte, erfasste ihn eine große Aufregung. Es schien ihm wie eine seltsame Fügung, dass der Einkehrtag ausgerechnet an einem Ort stattfinden sollte, wo es ein Wasser gab, das Augenkrankheiten heilen konnte.

Wochenlang war er nur von dem Gedanken an diese Quelle erfüllt. Unzählige Gebete schickte er zu Gott und allen Heiligen, besonders aber zur heiligen Odilie. Und jedes seiner Gebete bestand vor allem aus dem einen Satz: Hilf, dass die Quelle meine Augen gesund macht! Hilf! Hilf! Hilf!

In der Nacht vor dem Einkehrtag, in der er kaum ein Auge zutat, überkam ihn plötzlich mit ungeheurer Wucht die Gewissheit, dass die heilige Odilie seine Gebete gehört hatte. Er konnte es sich selbst

nicht erklären, warum er so sicher war. Irgendwo in
ihm hatte sich ein fester Kern von Zuversicht und
Vertrauen gebildet: Gott und alle Heiligen wussten,
wie sehr er litt; sie würden ihm helfen.

Den Einkehrtag erlebte er daraufhin wie hinter
einer Wand aus Nebel. Er war da, aber nichts von
dem, was um ihn herum geschah, erreichte ihn. Ein
leichter Schwindel kreiste in seinem Kopf. Als
schließlich alle gemeinsam zur Quelle abstiegen,
befiel ihn auf dem Weg ein seltsames Unwohlsein.
Nacheinander traten seine Klassenkameraden an
die Quelle und wuschen sich die Augen. Er dräng-
te sich nicht vor. Er hatte die Brille auf einen Stein
gelegt und wartete, bis er an die Reihe kam. Als er
sich über das Wasser beugte und seine Augen benetzte, konnte er sich kaum mehr auf den Beinen
halten. Er fing an zu zittern; ein Weinkrampf
schüttelte ihn. Alles drehte sich vor seinen Augen.
Die umstehenden Kameraden riefen den Lehrer
herbei, der ihn gerade noch auffangen konnte.

Er wurde auf eine Bank gebettet, und alle waren
ratlos, was weiter zu tun wäre. Da kam er wieder
zu sich. Er spürte, dass er auf einmal ganz klar im
Kopf war. Aller Nebel, alles Unwohlsein waren
verschwunden. Er richtete sich auf und tastete ge-
wohnheitsmäßig nach seiner Brille. Sie war weg.
Ohne Brille schaute er sich um – die Gesichter der
Kameraden, die Bäume, die Ebene, die an einer
lichten Stelle zwischen den Bäumen sichtbar war:

Alles lag klar und deutlich vor seinen Augen. Jemand reichte ihm die Brille, aber er schob sie weg, stand auf und schrie: ‚Ich sehe! Ich sehe!'

Die anderen dachten erst, er sei verrückt geworden, weil er in alle Richtungen lief und nicht aufhörte zu schreien: ‚Ich sehe! Ich sehe!' Aber dann begriffen sie, dass an ihm ein Wunder geschehen war. Von diesem Tag an konnte er sehen wie alle gesunden Menschen."

Daniel schwieg. Mucksmäuschenstill hatten die Jungen und Mädchen zugehört. Doch jetzt, da die Geschichte zu Ende war, überstürzten sie sich in Fragen und Mutmaßungen. Einige hatte schon von wunderbaren Heilungen gehört. Aber entweder war es weit weg in exotischen Ländern passiert oder zu einer Zeit, an die kein lebender Mensch sich mehr erinnerte.

„Und es ist wirklich wahr, Daniel?"

„Er hat es mir selbst erzählt!"

„Und du glaubst es? Glaubst du es wirklich?"

Eines von den älteren Mädchen zog zweifelnd die Stirn hoch und sagte: „Wenn das so ginge, dann bräuchten wir keine Augenärzte und keine Optiker. Die Blinden und Kurzsichtigen und Augenkranken gingen zu der Quelle und – schwupp – wären sie gesund. Das wäre einfach!"

„Aber es *ist* nicht einfach", erwiderte Daniel. „Und es geschieht nicht jedem."

„Das ist es ja", ereiferte sich das Mädchen. „Bei dem einen geschieht es und beim anderen nicht! Das ist doch nicht gerecht!"

Gerade, als sie das sagte, stand die alte Frau von der Bank auf. Sie machte ein paar Schritte auf die Gruppe zu und sagte: „Man muss glauben. Es geschieht nur denen, die glauben." Dann wandte sie sich um und ging zum Becken.

Alle sahen verwundert zu ihr hin. Sie verharrte einen Augenblick schweigend wie im Gebet. Dann formte sie ihre Hände zu einer Schale, ließ Wasser hineinlaufen und führte sie zum Mund. Sie trank und benetzte mit dem Rest des Wassers Stirn, Augen und Wangen. Alle ihre Bewegungen waren ernst und feierlich, wie bei Menschen, die zum Altar gehen, um das Abendmahl zu empfangen.

Als sie an der Gruppe vorüber zu dem Weg ging, der hinauf zum Kloster führte, lächelte sie. Die Jungen und Mädchen grüßten und warteten, bis sie zwischen den Bäumen verschwunden war.

„Dürfen wir jetzt?", fragten sie dann.

Daniel nickte. „Aber drängelt nicht!"

Still, ohne zu schubsen und sich zu stoßen, versammelten sich die Jungen und Mädchen um das Becken. Sie formten ihre Hände zu Schalen und tranken, wie sie es bei der alten Frau gesehen hatten. Und auch die, die nicht glaubten, empfanden Ehrfurcht und spürten etwas von der Heiligkeit des Wassers.

Renate Schupp

Aber die Krippe war leer

Einen weiten Weg hatten sie schon hinter sich, die Heiligen Drei Könige, als sie auf ihrer Reise, immer dem Stern von Betlehem nach, an eine Haustür im alten Russland pochten. Babuschka, ein freundliches Großmütterchen, öffnete verwundert den Riegel und sah hinaus. „Nanu", fragte sie, „was für seltsame Wandergesellen seid ihr denn?"

Die drei Könige blickten erst einander, dann die alte Babuschka lächelnd an. „Wir suchen den Herrn der Welt", sagten sie. „Erkennst du den Stern dort über deinem Haus? Er ist sein Zeichen, ihm folgen wir nach."

„Ach", meinte die gute Babuschka, „den Herrn der Welt möchte ich auch gern besuchen. Nehmt mich doch mit, ihr Herren."

„Gern", sagten die drei. „Doch zuerst müssen wir ein wenig essen und schlafen."

„So tretet ein", bat Babuschka und deckte auf, was sie im Keller fand.

Während die Könige auf einer Strohschütte schliefen, fegte das Mütterchen das Haus, gab den Blumen Wasser und den Katzen Milch. Dann packte sie ihre Tasche für die Reise.

Gerade krähte der Hahn, als die drei Könige schon bereit zum Aufbruch waren.

„Nun komm, Babuschka", sagten sie. „Wir müssen eilen."

Der alten Frau aber war gerade in diesem Moment eingefallen, dass sie dem Herrn der Welt nicht einmal ein Geschenk mitzubringen hätte.

„Wartet noch!", bat sie darum mit zittriger Stimme. „Lasst mich rasch ein Schwarzbrot backen. Trocken Brot färbt Wangen rot; und vielleicht isst der Herr der Welt auch einmal gern etwas Gutes."

„So lange können wir unmöglich bleiben", sagte Caspar. Melchior und Balthasar nickten nur.

Da nahmen sie Abschied und ließen die alte Babuschka in ihrem Häuschen allein.

Ihre Traurigkeit hielt jedoch nicht lange vor. „Wenn er wirklich der Herr der Welt ist", dachte sie still bei sich und begann, die Backzutaten abzuwiegen, „wird er wissen, dass es nichts Köstlicheres gibt als Schwarzbrot, und mich schon verstehen." Ihre abgearbeiteten Hände kneteten den Teig, formten ihn zu einem Laib und backten ihn auf dem heißen Stein des Kachelofens gar.

Das fertige Brot duftete weithin und war so heiß in Babuschkas Kopftuch, dass sie es kaum an vier Knotenzipfeln tragen konnte. Aber dennoch marschierte sie den drei Königen tapfer hinterdrein.

Nach langen Monaten hatte sie sich endlich bis zum Stall von Betlehem durchgefragt. Müde, doch voller Vorfreude trat sie ein. Aber die Krippe war leer, die Heilige Familie fort, und nur der Ochse warf der alten Babuschka einen langen freundlichen Blick zu. Da wischte sich Babuschka eine

Träne aus dem Auge und legte ihr Schwarzbrot in die verlassene Krippe.

„Bist du der Herr der Welt, wirst du wohl wissen, dass ich gekommen bin", sagte sie und versuchte, ein wenig im Stroh zu rasten.

In dieser Nacht wurde Babuschka von einer süßen Stimme geweckt. „Ich bin das Christkind", sagte sie. „Willkommen, gute Babuschka. Gib mir deine Hand und folge mir zu meinem Vater, dem Herrn der Welt!"

Babuschka gehorchte und trat an Jesu Christi Hand mitten hinein ins Reich Gottes.

Wegen dieser alten Weihnachtslegende schenkt das Christkind den russischen Kindern bis auf den heutigen Tag ein Schwarzbrot. Es steckt in den am Kamin aufgehängten Weihnachtsstrümpfen. Andere Geschenke sind manchmal freilich auch dabei.

Legende aus Russland

Erst fünfundneunzig

Tatsächlich, er war wirklich schon 95 Jahre alt, der alte Mann, den ich vor Jahren einmal traf. Auf meine Frage, wie alt er sei, sagte er: „Erst fünfundneunzig." Damals war ich mit meinen gut sechzig Jahren noch ein junger Mann.

Ich fragte den 95-Jährigen, was er denn gemacht habe, um zu einem so hohen Alter zu kommen. Darauf sagte er: „Ich habe nie so alt werden wollen. Ich habe immer alles genommen, wie es kam. Gott hat mir immer beigestanden, und ich freue mich über jeden Tag, den er mir schenkt."

Wir kamen natürlich auch auf seine Kinder und Enkel zu sprechen, und da meinte er: „Ich sage es ihnen immer wieder: Wenn es euch einmal schlecht geht, dann bleibt stehen, werdet nie mutlos, denn es geht im Leben immer wieder weiter. Wenn der Herrgott uns ein Fenster zumacht, dann macht er irgendwo anders eine Tür auf. Es ist im Leben nie zum Verzweifeln!"

Reinhard Abeln

Auf einen Blick

Kurztext • 2–3 Min. •• 3–5 Min. ••• über 5 Min. ••••

Titel AutorIn	Worum geht es?	Vor- lese- zeit	Seite
Nur mit den Alten *Aus Jugoslawien*	Von den Erfahrungen alter Menschen profitieren	•	25
„Das Leben ist herrlich!" *Rabbinische Geschichte*	Wie man lernt wertzuschätzen, was man hat.	•	26
Der Johannis-brotbaum *Legende*	Wir können nur bestehen, wenn einer dem anderen die Hand reicht.	•	27
Lebensphilo-sophie *Schen Tao*	Das Geheimnis des Alters	•	28
Die Macht der Liebe *Reinhard Abeln*	Wo Liebe ist, ist auch ein Weg.	•••	30
„Herr Pfarrer, rücken Sie ein bisschen ..." *Johannes Kuhn*	Gastfreundschaft kennt keine Grenzen.	•••	33
Plötzlich siehst du alles anders *Pierre Lefèvre*	Erfolg ist nicht alles im Leben.	•	36
Die alte Frau und der Lager-kommandant *Gustav Heine-mann*	Von wahrer Nächstenliebe	••	37
Die Sonnen-blume *Adalbert Ludwig Balling*	Die Sonne ins Herz lassen	•	39
Allen Menschen Freundlichkeit *Paul Gindele*	„Lasset eure Freundlichkeit allen Menschen kund werden!"	••	40

Titel AutorIn	Worum geht es?	Vor-lese-zeit	Seite
Der kranke Rabbi *Rabbinische Geschichte*	Dem Tod mit Humor begegnen.	•	66
Der Salto „liturgicus" *Johannes Kuhn*	Ein Pfarrer springt (unfreiwillig) über ein offenes Grab.	•	67
Lachen ist gesund	Ein paar unterhaltsame Witze.	••	68
Welcher Monat ist der beste? *Märchen aus Griechenland*	Zufriedenheit ist der Schlüssel zum Reichtum.	•••	71
Meine Bahnhofs-bekanntschaft *Renate Schupp*	Ein offenes Miteinander hilft weiter.	••••	74
Mach langsam! *Georg Schwikart*	Was Tante und Neffe füreinander sein können	••	82
„Eines meiner schönsten Weih-nachtsfeste" *Eine 60-jährige Großmutter*	Eine Großmutter und ihre Enkel feiern gemeinsam Weihnachten.	••	85
„Opa, ich hab dich lieb" *Reinhard Abeln*	Vier kleine Worte, die alles bedeuten.	••	87
„Oma, wie alt bist du?" *Unbekannter Verfasser*	Von der Schönheit des Alters	•	89
Der Reisekoffer *Margarete Kubelka*	Vom Wert der Erinnerungen	••••	90
Das Bild der tau-send Wünsche *Renate Schupp*	Kindheitserinnerungen einer glück-lichen Großmutter	••••	94

Quellennachweis

Balling, Adalbert Ludwig Die Sonnenblume, aus: ders., Wo das Glück zu Hause ist. Illustriert von Werner Bleyer © Verlag Herder GmbH, Freiburg i. Br. 1989

Gindele, Paul Allen Menschen Freundlichkeit, aus: Reinhard Abeln / Paul Gindele, Gott sagt: Ich bin schon da, © Fe-Medienverlag, Kisslegg 2008

Kubelka, Margarete Der Reisekoffer, © bei Erben Margarete Kubelka (Dr. Friedrich Kröhnke)

Kuhn, Johannes Herr Pfarrer, rücken Sie ein bisschen. Niersteiner Domkaffee. Man muss sich nur zu helfen wissen. Der Salto liturgicus, © beim Autor

Lefèvre, Pierre Plötzlich siehst du alles anders, aus: Abbé Pierre Lefèvre, Kleine Geschichten, große Wahrheiten, Band 1, Miriam Verlag, Jestetten, S. 48

Schupp, Renate Meine Bahnhofsbekanntschaft. Das Bild der tausend Wünsche. Man muss glauben © bei der Autorin

Schupp, Renate Die Geschichte vom Schwibbogen, aus: Advent in der Sternengasse, © Verlag Ernst Kaufmann, Lahr

Schwikart, Georg Mach langsam, aus: ders., Orangenes Schweigen. Kurzgeschichten. Gardez! Verlag, Remscheid 2012, S. 64f, © beim Autor